आप भी मेरिट में आ सकते हैं

I0243011

प्रकाशचंद्र गंगराड़े

वी एण्ड एस पब्लिशर्स

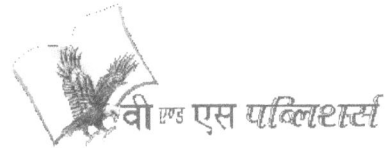

प्रकाशक

वी एण्ड एस पब्लिशर्स

F-2/16, अंसारी रोड, दरियागंज, नई दिल्ली-110002
23240026, 23240027 • फैक्स: 011-23240028
E-mail: info@vspublishers.com • *Website:* www.vspublishers.com

क्षेत्रीय कार्यालय : हैदराबाद
5-1-707/1, ब्रिज भवन (सेन्ट्रल बैंक ऑफ इण्डिया लेन के पास)
बैंक स्ट्रीट, कोटी, हैदराबाद-500 095
040-24737290
E-mail: vspublishershyd@gmail.com

शाखा : मुम्बई
022-23510736
E-mail: vspublishersmum@gmail.com

फ़ॉलो करें:

हमारी सभी पुस्तकें **www.vspublishers.com** पर उपलब्ध हैं

© **कॉपीराइट:** वी एण्ड एस पब्लिशर्स

ISBN 978-93-814486-2-5
संस्करण: 2015

भारतीय कॉपीराइट एक्ट के अन्तर्गत इस पुस्तक के तथा इसमें समाहित सारी सामग्री (रेखा व छायाचित्रों सहित) के सर्वाधिकार प्रकाशक के पास सुरक्षित हैं। इसलिए कोई भी सज्जन इस पुस्तक का नाम, टाइटल डिजाइन, अन्दर का मैटर व चित्र आदि आंशिक या पूर्ण रूप से तोड़-मरोड़ कर एवं किसी भी भाषा में छापने व प्रकाशित करने का साहस न करें, अन्यथा कानूनी तौर पर वे हर्जे-खर्चे व हानि के जिम्मेदार होंगे।

मुद्रक: परम ऑफसेटर्स, ओखला, नई दिल्ली-110020

महान कथन

- संसार में विद्वान की ही प्रशंसा होती है, विद्वान ही सब स्थानों पर ऊंचा आसन प्राप्त करता है। विद्या से सब कुछ प्राप्त होता है और विद्या ही सब जगह पर पूजी जाती है।
  —चाणक्य नीति

- बिना तप किए संसार में कोई भी बड़ा सुख प्राप्त नहीं होता।
  —महाभारत/वनपर्व

- शिक्षा जीवन की परिस्थितियों का सामना करने की योग्यता का नाम है।
  —जॉन जी. हिबन

- शिक्षा मानव की आत्मा के लिए वैसी ही है, जैसे संगमरमर के टुकड़े के लिए शिल्प कला है।
  —एडिसन

- जो मनुष्य अपनी विद्या और ज्ञान को कार्यरूप में परिणत कर सकता है, वह दर्जनों कल्पना करने वालों से श्रेष्ठ है।
  —इमर्सन

- मनुष्य में जो संपूर्णता गुप्त रूप से विद्यमान है, उसे प्रत्यक्ष करना ही शिक्षा का कार्य है।
  —विवेकानन्द

- आंधियां और समुद्री लहरें निरंतर सबसे योग्य नाविकों का साथ देती हैं।
  —गिबन

- योग्य नहीं बनोगे, तो योग्यता का पारितोषिक कौन देगा?
  —शरत्चन्द्र

- शिक्षा हमारे अन्तर्निहित पूर्णत्व की अभिव्यक्ति मात्र है।
  —विवेकानन्द

- विद्या निरंतर अभ्यास से सुरक्षित रहती है।
  —महाभारत/उद्योगपर्व

आपसे बातें

आज शिक्षा का महत्त्व बहुत बढ़ गया है। हर क्षेत्र में मेरिट से ही विद्यार्थी का चयन किया जाता है। मेरिट और फर्स्ट क्लास में आए विद्यार्थियों के लिए हर क्षेत्र में प्रवेश संभव है, जबकि सेकेंड और थर्ड क्लास में परीक्षा पास करने वाले विद्यार्थियों को अच्छे कॉलेजों में प्रवेश तक नहीं मिलता। डॉक्टर, इंजीनियर आदि उच्च स्तर की प्रतियोगी परीक्षाओं में तो मेरिट से विशेष योग्यता प्राप्त फर्स्ट क्लास विद्यार्थियों का चयन किया जाता है। ऐसे विद्यार्थी ही आगे चलकर अपना लक्ष्य पाने में सफल होते हैं।

मैंने देखा है कि अधिकांश विद्यार्थी वर्षभर बहुत अधिक मेहनत करने के बाद भी परीक्षा में मेरिट नहीं ला पाते, यहां तक कि फेल हो जाते हैं। प्रायः ऐसे विद्यार्थियों को अपने अभिभावक या अध्यापक से पढ़ाई करने और परीक्षा देने की तकनीक के सम्बन्ध में समुचित मार्गदर्शन नहीं मिलता। परीक्षा में असफल होने के बाद भी इस कमी पर कोई विचार नहीं करता। क्या परिवारजन, क्या सम्बंधी और क्या मित्र, सभी असफलता के लिए छात्र को ही दोषी ठहराते हैं। ऐसी स्थिति में छात्रों का उत्साह ठंडा पड़ जाता है और वे पढ़ाई से जी चुराने लगते हैं। ऐसे ही छात्रों को देखकर मेरे मन में एक ऐसी पुस्तक तैयार करने की इच्छा हुई, जो विद्यार्थियों को उचित मार्ग निर्देशन देकर परीक्षा में फर्स्ट क्लास के अंक पाने और मेरिट में आने में सहयोग कर सके।

मैंने ऐसे ही विद्यार्थियों के लिए इस पुस्तक में उन तरीकों और तकनीकों को बताने का प्रयास किया है, जिनसे परीक्षा में फर्स्ट क्लास के साथ-साथ मेरिट में आया जा सके। मुझे पूरा विश्वास है कि पुस्तक में दिए गए सुझावों की अपनाकर यदि विद्यार्थी योजना बनाकर आशा, उत्साह, सच्ची लगन तथा दृढ़ इच्छा के साथ वर्षभर नियमित अध्ययन करें, तो वे अपने विषय में विशेष योग्यता के साथ आसानी से फर्स्ट क्लास में परीक्षा पास कर सकते हैं और मेरिट में स्थान बना सकते हैं। इस पुस्तक के विभिन्न अध्यायों को पढ़कर विद्यार्थियों को अपने लक्ष्य प्राप्त करने में यदि सफलता मिलेगी, तो मैं अपने प्रयास को सफल समझूंगा।

पुस्तक को इस रूप में प्रस्तुत कर पाने के लिए मैं, अपनी पत्नी आशा गंगराड़े के प्रति कृतज्ञ हूं, जिनके सम्पूर्ण सहयोग से मेरे लेखन को प्रेरणा मिली।

भोपाल (म.प्र.) —डॉ. प्रकाशचंद्र गंगराड़े

ये खुश लोग कौन हैं? ये ही तो वो लोग हैं, जिन्होंने अपनी कड़ी मेहनत और लगन से परीक्षाओं में फर्स्ट क्लास के अंक पाए हैं, जो अपनी प्रतिभा को निखारकर परीक्षा की मेरिट लिस्ट में आए हैं। कल इन्होंने कड़ी मेहनत की थी, आज सफलता इनके कदम चूम रही है। कल इन्होंने समय की इज्जत की थी, आज समय इनकी इज्जत कर रहा है। अब न इन्हें किसी सोर्स या सिफारिश की जरूरत है, न किसी के सामने गिड़गिड़ाने की। कड़ी मेहनत से मेरिट लिस्ट में आकर इन्होंने वह योग्यता पा ली है कि अब चाहे स्थान कितने भी कम क्यों न हों, इनकी सफलता निश्चित है।

लेखक की कलम से...

अंदर के पृष्ठों में

खंड एक-अध्ययन

आपका मेरिट में आना क्यों जरूरी है 11
अध्ययन में गहन रुचि लें 16
योजना बनाकर उत्साह से पढ़ाई करें 19
पुस्तकालय से लाभ उठाएं 26
नोट्स बनाने में निपुणता लाएं 29
अध्ययन में कड़े परिश्रम से जी न चुराएं 33
पढ़ाई के बीच कुछ मनोरंजन भी करें 35
ट्यूशन लाभदायक है या हानिकारक 38
कुंजियां, गाइडें पढ़ें या नहीं 42
मेरिट में स्थान पाने के उपाय 46

खंड दो-स्मरण शक्ति बढ़ाएं

याददाश्त बढ़ाना आपके वश में है 53
याददाश्त बढ़ाने की विभिन्न तकनीकें 60

खंड तीन-लेखन कार्य

सुंदर हस्तलेख का महत्त्व समझें 67
लिखने का अभ्यास करें, गति बढ़ाएं 71
लिखने की अशुद्धियां यूं दूर करें 75
श्रेष्ठ निबंध कैसे लिखें 82

खंड चार – परीक्षा की तैयारी

परीक्षा ज्ञान नापने का पैमाना है 89
परीक्षा का भूत भगाएं 92
परीक्षा की तैयारी ऐसे करें 95
प्रश्नों के उत्तर लिखने में माहिर बनें 98
परीक्षा में नकल का सहारा न लें 104

खंड पांच – मानसिक विकास

आत्मविश्वास बढ़ाएं 109
दृढ़ इच्छा शक्ति से लक्ष्य पाएं 113
एकाग्रता सफलता की कुंजी है 117
मानसिक विकास के 21 टिप्स 121

खंड छः – शारीरिक स्वास्थ्य

ब्रह्मचर्य का पालन करें 135
अपने खान-पान पर ध्यान दें 140
पढ़ाई के दौरान आंखों का ख्याल रखें 145
स्वास्थ्य के नियमों का पालन करें 149

खंड एक

अध्ययन

आपका मेरिट में आना क्यों जरूरी है

> सुंदर, तरुण और बड़े कुल में उत्पन्न होकर भी विद्याहीन मनुष्य उसी प्रकार शोभित नहीं होते, जैसे गंधहीन पलाश के फूल।
>
> जो विद्या की ओर ध्यान नहीं देता और समय को व्यर्थ नष्ट करता है, वह मनुष्य सदा जन्म के फूल से वंचित रहता है।
>
> —प्रेमचन्द
>
> जो मनुष्य अपनी विद्या और ज्ञान को कार्यरूप में परिणत कर सकता है, वह दर्जनों कल्पना करने वालों से श्रेष्ठ है।
>
> —इमर्सन
>
> जिसके पास विद्या रूपी नेत्र नहीं है, वह अंधे के समान है।
>
> —हितोपदेश

स्कूलों में प्रवेश की बात हो या सरकारी दफ्तरों में नौकरी पाने की, जहां भी देखिए बस भीड़ ही भीड़ दिखाई देगी। लोगों की धक्कम धक्का और लंबी कतारें मिलेंगी। कतारों में अधिकांश चेहरे निराश और उतरे हुए दिखाई देंगे। कुछ गिने-चुने लोग ही खुश नजर आएंगे। आप जानते हैं, ये खुश लोग कौन हैं? अरे भई! ये ही तो वो लोग हैं, जिन्होंने अपनी कड़ी मेहनत और लगन से परीक्षाओं में फर्स्ट क्लास के अंक पाए हैं या जो अपनी प्रतिभा को निखार कर परीक्षा की मेरिट लिस्ट में आए हैं। कल इन्होंने कड़ी मेहनत की थी, आज सफलता इनके कदम चूम रही है। कल इन्होंने समय की इज्जत की थी, आज समय इनकी इज्जत कर रहा है। अब इन्हें किसी सोर्स या सिफारिश की जरूरत नहीं है और न ही किसी के सामने गिड़गिड़ाने की। कड़ी मेहनत से मेरिट लिस्ट में प्रथम आकर इन्होंने वह योग्यता पा ली है कि अब चाहे स्थान कितने भी कम क्यों न हों, इनकी सफलता निश्चित है।

आप भी मेरिट लिस्ट में आ सकते हैं और आत्मविश्वास से भर कर इन्हीं लोगों की तरह मुस्करा सकते हैं। आप भी सफलता की सीढ़ियां चढ़ सकते हैं, अपनी अलग पहचान बना सकते हैं। बस, जरा-सा परिवर्तन आपको अपनी दिनचर्या में करना पड़ेगा। हमें पता है कि आप परिश्रम भी खूब करते हैं, दिन में कई-कई घंटे तक पढ़ते हैं और देर रात तक जागकर अपना होमवर्क पूरा करते हैं, लेकिन फिर भी परीक्षा में बहुत अच्छे अंक नहीं ला पाते। इसके पीछे कई कारण हैं, बहुत ही मामूली से कारण। हम अगले अध्यायों में इन्हीं कारणों के प्रति आपको सचेत करेंगे और अच्छे अंकों से मेरिट लिस्ट में किस प्रकार आया जा सकता है, इसके तरीके बताएंगे। लेकिन पहले यहां आपको यह बता दें कि मेरिट में आना आपके लिए क्यों जरूरी है? मेरिट में आने से आपको निम्न लिखित लाभ मिलेंगे :

1. आपका आत्मविश्वास बढ़ेगा : यदि आप अच्छे अंक प्राप्त कर मेरिट लिस्ट में आते हैं, तो आपकी यह सफलता आपके मन को आत्मविश्वास से भर देगी। आत्मविश्वास ही हमारी सबसे बड़ी शक्ति है। यह शक्ति अगली परीक्षाओं में सफलता के लिए आपको धैर्य और साहस देगी। आप कठिन से कठिन परिस्थितियों का डटकर मुकाबला करेंगे और सफलता पाएंगे। किंतु अगर आप परीक्षा में फिसड्डी रहते हैं, तो यह असफलता आपके हौसले को तोड़ सकती है। आपके आत्मविश्वास को कम कर सकती है। आपको अपने ऊपर से विश्वास उठता हुआ सा लगेगा। आपको लगेगा कि आपमें वह योग्यता नहीं है, जो आपको अच्छे अंक दिला सके। इस प्रकार की सोच आपको निराशा से भर सकती है, आपका जीवन नीरस कर सकती है।

2. आप परीक्षा में आसानी से सफल हो जाएंगे : आप जानते ही हैं कि आज का युग प्रतियोगिता का युग है। अब तो विद्यार्थियों की बढ़ती हुई भीड़ के कारण छोटी कक्षाओं में भी दाखिले प्रवेश परीक्षा के आधार पर ही होते हैं। यदि परीक्षा में आपने अच्छे अंक प्राप्त किए हैं, तो अगली कक्षा की प्रवेश परीक्षा की मेरिट लिस्ट में आने में आपको कोई कठिनाई नहीं होगी। हर विद्यालय चाहता है कि उसके यहां मेधावी विद्यार्थी प्रवेश लें और उसका नाम रोशन करें। ऐसी स्थिति में आपको मेरिट में आने पर सम्मान सहित प्रवेश मिल जाएगा और आप व्यर्थ की परेशानियों से बच जाएंगे। लेकिन यदि आप प्रवेश परीक्षा में अच्छे अंक प्राप्त नहीं करते हैं, तो आपको मनचाहे स्थान पर प्रवेश मिलना संभव नहीं होगा। ऐसी स्थिति में आप स्वयं भी निराश होंगे। आपके परिवारजनों को भी कष्ट होगा और सामाजिक उपेक्षा भी सहनी पड़ेगी।

3. निराशा आप से दूर भागेगी : परीक्षा की मेरिट लिस्ट में आकर सम्मान सहित पास करने से जो खुशी मिलती है, उससे विद्यार्थी का हौसला बुलंद होता है। इससे आपका मन प्रसन्न रहता है और आप आगे की परीक्षाओं में भी सफल होने के साहस से भर जाते हैं। पहली सफलता के बाद आपको सदैव यही लगेगा कि मैं अगली परीक्षा में भी अच्छे अंक पाकर मेरिट में आऊंगा। यह आशा ही तो आशावादी दृष्टिकोण है। यह आशा ही तो आत्मविश्वास की जननी है, जो आपको अपने कार्य में सफल होने के लिए शक्ति और साहस देती है और आप खुशी-खुशी सफल होते हैं। किंतु यदि आप मेरिट में नहीं आते हैं, तो आपमें निराशा की भावना पैदा हो सकती है। निराशा सफल जीवन के लिए घातक जहर की तरह है। यह आपको मानसिक रूप से तोड़ देती है। मन के साथ-साथ शरीर पर भी निराशा का बहुत बुरा प्रभाव पड़ता है। निराशा से चिंता पैदा होती है और चिंता आपके तन और मन दोनों को खोखला कर देती है।

4. माता-पिता का प्यार अधिक मिलेगा : जो विद्यार्थी मेरिट लिस्ट में आते हैं, वे केवल अपना ही सम्मान नहीं बढ़ाते, बल्कि माता-पिता का नाम भी रोशन करते हैं। ऐसी स्थिति में समाज आपके साथ-साथ आपके माता-पिता को भी सम्मान की दृष्टि से देखेगा। आपके माता-पिता भी सिर ऊंचा कर अपने साथियों से आपकी तारीफ कर सकेंगे। दूसरों से आपकी प्रशंसा सुनकर भी उन्हें बहुत खुशी होगी।

5. आपकी पहचान बढ़ेगी : यदि आपके घर में भाई-बहन तथा अन्य परिवार के लोग हैं, तो वे भी आपकी सफलता से सम्मानित महसूस करेंगे। अपने साथियों में आपकी इस सफलता की प्रशंसा करेंगे। इस प्रकार समाज में आपके सम्मान और पहचान का दायरा अपने आप ही बढ़ता जाएगा।

6. साथियों में आकर्षण का केंद्र बनेंगे : मेरिट लिस्ट में परीक्षा पास करने वाले विद्यार्थियों की सभी कद्र करते हैं। खासकर लड़कियां सभ्य और बुद्धिमान लड़कों से ही दोस्ती करना पसंद करती हैं। अत: यदि आप मेरिट लिस्ट में स्थान पाते हैं, तो लड़के-लड़कियां स्वयं ही आपसे मित्रता बढ़ाएंगे और सम्मान देंगे। आपकी बात मानेंगे। इसके विपरीत मेरिट में न आने वाले छात्रों से मित्रता बढ़ाने के लिए कम ही साथी आगे आते हैं। उनकी कद्र करने की ओर किसी का ध्यान नहीं जाता।

7. समाज में आपका सम्मान बढ़ेगा : परीक्षा में अव्वल आकर प्रत्यक्ष रूप से तो आप अपना ही भला करेंगे, लेकिन अप्रत्यक्ष रूप से आपकी इस सफलता

के लिए आपके मोहल्ले वाले तथा रिश्तेदार आपकी प्रशंसा करेंगे, जिससे आपको भरपूर प्रोत्साहन मिलेगा। प्रोत्साहन आपमें नई शक्ति पैदा कर देगा। यही शक्ति आपकी सफलता के नए द्वार खोलेगी। फिसड्डी विद्यार्थियों की समाज में प्रायः उपेक्षा ही की जाती है। इसलिए वे और अधिक हताश हो जाते हैं और स्वयं अपनी प्रतिभा को खोते जाते हैं।

8. आर्थिक लाभ मिलेगा : मेरिट लिस्ट में आने वाले विद्यार्थियों को अनेक विद्यालय, संस्थान, व्यापारी तथा सरकार समय-समय पर पुरस्कार तथा प्रशंसापत्र प्रदान कर सम्मानित करते हैं, वजीफा भी देते हैं। फिसड्डी विद्यार्थी इन सुविधाओं को प्राप्त नहीं कर पाते हैं।

9. आपकी परेशानियां कम होंगी : मेरिट लिस्ट में स्थान पाने वाले विद्यार्थियों के माता-पिता कई प्रकार की परेशानियों से भी बच जाते हैं। उन्हें अपने बच्चे के दाखिले के बारे में चिंता करने की जरूरत नहीं रहती और नौकरी आदि के लिए व्यर्थ भाग-दौड़ भी नहीं करनी पड़ती है। लेकिन जो विद्यार्थी मेरिट में नहीं आते हैं, वे स्वयं तो परेशान होते ही हैं, माता-पिता को भी तरह-तरह से चिंतित और परेशान करते हैं। उनके दाखिले के लिए माता-पिता को व्यर्थ भाग-दौड़ करनी पड़ती है।

10. आपमें सद्गुणों का विकास होगा : सफलता स्वयं ही एक बहुत बड़ा सद्गुण है। यह जब आती है, तो अनेक सद्गुण स्वयं ही इसके साथ चले आते हैं। परिवार, समाज और साथियों से मिलता भरपूर सम्मान व प्यार आपको स्वयं ही विनम्र, दयालु, लगनशील, परिश्रमी, साहसी, धैर्यवान और पराक्रमी बना देगा। आपका मन खुशी से भर उठेगा। आप जीवन के प्रति पूरे आशा और विश्वास से भरकर कार्य में जुटेंगे और सफलता पाते चले जाएंगे। किंतु असफल विद्यार्थी अपनी असफलता से स्वयं तो दुखी होते ही हैं, साथ ही परिवार, समाज और साथियों की उपेक्षा उनके मन को द्वेष और घृणा की भावना से भर देती है। परिणाम यह होता है कि वे चिड़चिड़े हो जाते हैं और अनेक बार प्रतिक्रिया स्वरूप उद्दंडता तथा अनुशासनहीनता का व्यवहार कर बैठते हैं, जिससे सभी की नजरों में गिरते चले जाते हैं। ऐसी स्थिति में उनमें अनचाहे ही अवगुण पैदा होने लगते हैं।

11. आपका भविष्य उज्ज्वल होगा : प्रायः यह देखा गया है कि बचपन में जो विद्यार्थी मेधावी होते हैं और हमेशा मेरिट में स्थान पाते हैं, वे आशा और आत्मविश्वास से इतना भर जाते हैं कि भविष्य की परीक्षाओं में भी मेरिट लिस्ट में आकर अपना मनचाहा लक्ष्य प्राप्त करते हैं। लगातार मिलती सफलता

उनके जीवन को कामयाब और खुशहाल बना देती है। परिश्रम और लगन उनके व्यक्तित्व का हिस्सा बन जाते हैं और वे सदैव सभी जगह सम्मान पाते हैं। जबकि परीक्षा में मिली असफलता विद्यार्थी का मनोबल तोड़ देती है। वह निराशा का शिकार हो जाता है। एक तो उसे अपने ऊपर विश्वास नहीं होता है, दूसरे समाज से उपेक्षा मिलने के कारण वह आलसी और ईर्ष्यालु हो जाता है। ऐसा विद्यार्थी जाने-अनजाने में उद्दंडता का व्यवहार भी कर बैठता है। इन परिस्थितियों में वह लगातार नीचे गिरता जाता है और जीवन में कभी भी अपना मनचाहा लक्ष्य प्राप्त नहीं कर पाता। उसका जीवन दुखद और संघर्षमय हो जाता है। अत: अपने आपको तैयार कीजिए कि आप परीक्षा में सदैव अच्छे अंक प्राप्त कर मेरिट लिस्ट में स्थान पाएं। इससे कामयाबी आपके कदम चूमेगी। सभी ओर से आपको सम्मान मिलेगा। आपका हौसला बढ़ेगा। आपमें अच्छे गुणों का विकास होगा और आप एक सफल तथा खुशहाल जीवन जिएंगे। कामयाबी आपके कदम-चूमने को तैयार है। बस, आपको कामयाबी पाने के रहस्य को समझना भर है।

❏❏

अध्ययन में गहन रुचि लें

> *जिसे पुस्तक पढ़ने का शौक है, वह सब जगह सुखी रह सकता है।*
> *—महात्मा गांधी*
>
> *लगन से ज्ञान की प्राप्ति होती है, लगन के अभाव में ज्ञान खो जाता है। पाने और खोने के इस दोहरी राह के परिचित को चाहिए कि वह अपने आपको ऐसा रखे कि ज्ञान बढ़ता जाए।*
> *—महात्मा बुद्ध*

आपकी कार्यक्षमता बहुत कुछ इस बात पर निर्भर होती है कि आप अपने कार्य में किस सीमा तक रुचि लेते हैं। अरुचि से किया गया कार्य कुशलतापूर्वक कभी भी पूरा नहीं होता। इसलिए उच्चतम दक्षता प्राप्त करने के लिए गहन रुचि आवश्यक है। पढ़ाई करते समय जी को ऊबने न दें। यह भी न सोचें कि वह किसी तरह जल्दी खत्म हो जाए। पढ़ाई हमेशा उत्साहपूर्वक करें और उसमें आनंद का अनुभव करें।

जब आप अध्ययन में रुचि लेकर कार्य करते हैं, तो उसकी उत्तमता बढ़ती है। वह अच्छी तरह समझ में भी आता है। मन में थकान महसूस नहीं होती। जितना उत्साह, रुचि आप अध्ययन में लेंगे, वह कार्य उतना ही सरल और श्रेष्ठ होता जाएगा। इस प्रकार से अध्ययन का आभास करेंगे तो उसमें पूर्ण कुशलता मिलेगी।

अरुचि से हानि

कई विद्यार्थी अपनी रुचि और इच्छा के विरुद्ध अध्ययन करते हैं। इस कारण वे अध्ययन में अपनी पूरी शक्ति नहीं लगा पाते और अधूरे मन से कार्य करने के कारण उन्हें प्राय: असफलता ही मिलती है। फिर वही विद्यार्थी असफलता और ऊब के कारण अध्ययन से बचने की कोशिश करने लगते हैं। ऐसे विद्यार्थी या तो पढ़ाई छोड़ देते हैं या फिर समय की बरबादी अधिक करते हैं।

गहन रुचि के लाभ अनेक

अध्ययन में रुचि लेने से मन की समस्त शक्तियां एक ही उद्देश्य पर केंद्रित हो जाती हैं। इससे स्मरण शक्ति को सहायता मिलती है। मन की उर्वरा शक्ति बढ़ती है। इच्छा शक्ति दृढ़ होती है।

परीक्षा को मेरिट लिस्ट में पास करने के उद्देश्य को ध्यान में रखकर जब आप रुचि लेकर अध्ययन करते हैं, तब आपकी स्मरण-शक्ति, कल्पना, न्याय, बुद्धि आदि मन की समस्त शक्तियां एक साथ मिलकर उस लक्ष्य की दिशा में कार्य करने लगती हैं। मेरिट में आने के उद्देश्य की पूर्ति के लिए अध्ययन करने से मन को एकाग्र करने की आदत पड़ जाती है। रुचि से लक्ष्य के प्रति एकाग्रता की उत्पत्ति होती है और यही एकाग्रता परीक्षा में आपकी निश्चित सफलता का आधार बनती है।

यदि आप गणित के विषय में अधिक दिलचस्पी रखते हैं, तो उसका अध्ययन बड़ी रुचि लेकर चाव से करेंगे और आपकी याद करने की सारी कठिनाइयां शीघ्र ही मिट जाएंगी। इसके विपरीत यदि आपको गणित विषय में रुचि नहीं होगी और उसे आप कठिन विषय मानते हैं, तो उसका अध्ययन निश्चय ही अस्थिर मन से करेंगे। उसके लिए किया गया प्रयत्न दुर्बल होगा और इस कारण उसकी स्मृति भी धुंधली, मंद और अविश्वसनीय होगी।

याद रखें, रुचि से ही आपके मन में नए-नए विचारों की उपज में वृद्धि होती है। अगर आपकी रुचि की शक्तियां तेजी के साथ काम करती रहें, तो आपके विचार और गुणों में भी बढ़त होगी, परन्तु इसके विपरीत यदि आपकी रुचि मंद पड़ जाए तो, नए-नए विचारों का बनना भी घट जाएगा।

आपने स्वयं अनुभव किया होगा कि जिस विषय में आपकी रुचि होती है और पूरी एकाग्रता से आप उसे तैयार करना चाहते हैं, तो उसमें किसी कठिनाई का अनुभव नहीं होता और न ही शक्ति का अधिक व्यय होता है। जिन विद्यार्थियों में अध्ययन के प्रति कोई रुचि नहीं होती, परीक्षा में मेरिट में स्थान पाने का कोई उद्देश्य नहीं होता और न एकाग्रता होती है, वे अपने को सुस्त, दुर्बल, उदासीन और अकर्मण्य पाते हैं। इन सब का कारण उनमें रुचि का अभाव ही होता है।

रुचि विशेष से उन्नति संभव

इसमें संदेह नहीं कि कुछ विद्यार्थियों की जन्म से ही कुछ विशेष विषयों में रुचि होती है और कुछ विषयों में बिल्कुल नहीं। विद्यार्थियों की उत्कृष्ट

रुचियों में से अधिकांश अर्जित है न कि सहज या स्वाभाविक, और यह अर्जित रुचियां ही जीवन में प्रमुख रहती है। इन्हीं की बदौलत वे विषय विशेष में विशेष योग्यता प्राप्त करते हैं। **विलियम जेम्स** का कहना है कि एक युवा विद्यार्थी की अधिकांश रुचियां कृत्रिम होती हैं, जो धीरे-धीरे बनकर तैयार होती हैं।

आपने अनुभव किया होगा कि जैसे-जैसे आपकी किसी विषय के बारे में जानकारी बढ़ती जाती है, वैसे ही उसमें आपकी रुचि भी बढ़ती जाती है। जब विद्याभ्यास में प्रगति हो जाती है, तब उसमें और अधिक रुचि बढ़ जाती है।

रुचि कैसे पैदा करें

जो विषय आपको नीरस लगते हों, उनमें प्रवीणता पाने के लिए आप अधिक समय लगाकर कठिन परिश्रम करें। धीरे-धीरे ज्ञान और निपुणता प्राप्त हो जाएगी। फिर जैस-जैसे जानकारी और निपुणता बढ़ती जाएगी, वैसे-वैसे आपकी विषय में अधिक दिलचस्पी बढ़ने लगेगी। इस तरह धीरे-धीरे रुचि बढ़ने के साथ-साथ कम परिश्रम से विषय अच्छी तरह समझ में आने लगेगा। मन को केंद्रित कर लेने से अरुचि के कठिन विषय भी रुचिकर बन जाते हैं और उन पर प्रभुत्व प्राप्त कर लेने से उसकी नीरसता भी सरस बन जाती है।

❏❏

योजना बनाकर उत्साह से पढ़ाई करें

> उत्साही के लिए संसार में कुछ भी दुर्लभ नहीं है। उत्साह ही कार्य में सफलता प्रदान करता है।
> —वा. रामायण
>
> शिक्षा प्राप्त करने के तीन आधार स्तंभ हैं–अधिक निरीक्षण करना, अधिक अनुभव करना एवं अधिक अध्ययन करना।
> —केथराल
>
> लक्ष्य को ही अपना जीवन कार्य समझो। हर क्षण उसी का चिंतन करो, उसी का स्वप्न देखो और उसी के सहारे जीवित रहो।
> —विवेकानंद
>
> थोड़ा पढ़ना, अधिक सोचना, कम बोलना, अधिक सुनना ये बुद्धिमान बनने के उपाय हैं।
> —रवींद्रनाथ ठाकुर

आप में से कई विद्यार्थी सुख त्यागकर भी विद्या पाने के लिए हमेशा पढ़ाई में लगे रहते हैं। लेकिन इसके बाद भी परीक्षा में अच्छी श्रेणी प्राप्त नहीं कर पाते हैं। ऐसा क्यों होता है? कारण स्पष्ट है कि पढ़ाई करना भी एक कला है और इसमें पारंगत हुए बिना परीक्षा में पूर्ण सफलता पाना संभव नहीं। पढ़ने को तो विद्यार्थी अपनी तरफ से कुछ न कुछ पढ़ते ही रहते हैं और घर के सदस्यों को भी लगता है कि बच्चा बहुत पढ़ाई कर रहा है, लेकिन योजना बनाकर व्यवस्थित ढंग से न पढ़ने के कारण सारा परिश्रम तथा समय व्यर्थ ही चला जाता है और इच्छित लाभ भी नहीं मिलता।

विदुर नीति, महाभारत में लिखा है :

सुखार्थिनः कुतो विद्या, नास्ति विद्यार्थिनः सुखम्।
सुखार्थी वा त्यजेत् विद्या, विद्यार्थी वा त्यजेत् सुखम्॥

अर्थात् सुख चाहने वाले को विद्या कहां? विद्या चाहने वाले के लिए सुख नहीं है। सुख की चाह हो तो विद्या को छोड़ें और विद्या चाहें तो सुख का त्याग करें।

कारण स्पष्ट है कि सुख को त्याग देने या हर समय पुस्तक खोलकर बैठे रहने या रटते रहने से विद्या नहीं आ जाती है। विद्या पाने के लिए विद्यार्थी में कुछ विशेष गुणों का होना आवश्यक है। संस्कृत के एक श्लोक में आदर्श विद्यार्थी के 5 लक्षण बताए गए हैं:

काक चेष्टा वको ध्यानं, श्वान-निद्रा तथैव च।
अल्पाहारी, गृहंत्यागी, विद्यार्थी पंच लक्षणम्॥

अर्थात् विद्या प्राप्ति के लिए कौए जैसी सतर्कता चाहिए, एकाग्रता बगुले के समान होनी चाहिए, जरा सी आहट पाकर टूट जाने वाली निद्रा कुत्ते जैसी होनी चाहिए, भोजन कम करना चाहिए तथा घर के बंधन से दूर रहना चाहिए।

उपरोक्त गुणों के होते हुए भी सफलता तब तक नहीं मिल सकती, जब तक कि हम अपना उद्देश्य निर्धारित नहीं कर लेते और फिर उस उद्देश्य को पाने के लिए सुनियोजित तरीके से पढ़ाई शुरू नहीं करते। अत: परीक्षा की मेरिट में आने के लिए दी गई बातों का गंभीरता से पालन करें।

उद्देश्य निर्धारण करें

आजकल हमारा सामाजिक वातावरण इतना बिगड़ गया है कि विद्यार्थी पढ़ने में कम और घूमने-फिरने, मौज-मस्ती, मनोरंजन के साधनों में सुख की तलाश ज्यादा करते हैं। पढ़ाई करना उन्हें अच्छा नहीं लगता। चूंकि मां-बाप, अभिभावक चाहते हैं कि उनका बच्चा पढ़-लिखकर कुछ बन जाए, इसीलिए वे स्कूल में पढ़ने के लिए भेजते हैं। स्कूलों का वातावरण भी इस प्रकार का नहीं है कि वहां बच्चे की रुचियां पहचानी जाएं और उसके उद्देश्य को स्पष्ट किया जाए। अत: स्कूल की शिक्षा सुविधा को प्राप्त करना बहुत कुछ विद्यार्थी पर ही निर्भर है। जिन विद्यार्थियों को पढ़ने में सच्ची लगन होती है और उनका उद्देश्य निर्धारित होता है, वे पढ़ाई के दिनों में स्कूल जाकर घूमने-फिरने, मौज-मस्ती और मनोरंजन के अन्य साधनों में सुख की तलाश नहीं करते। उन्हें तो बस, एक धुन सवार रहती है कि किस तरह अच्छे अंकों से निर्धारित लक्ष्य को प्राप्त किया जाए और वे दिन-रात उसी में लगे रहते हैं। यही वजह है कि ऐसे विद्यार्थियों को अंत में इच्छित सफलता भी मिलती है।

सामान्य नियम है कि कोई भी कार्य प्रारंभ करने के पहले अपना लक्ष्य निर्धारित कर लेना चाहिए। आप क्यों पढ़ना चाहते हैं? कोर्स की किताबें पढ़ने का उद्देश्य यही होता है कि ज्ञान वृद्धि के साथ-साथ मेरिट लिस्ट में स्थान प्राप्त करना। पढ़ने की सारी क्रिया उद्देश्य पर निर्भर होती है और उद्देश्य के साथ-साथ बदल जाती है। एक उद्देश्य निश्चित कर लेने पर यह पढ़ने में आपके लिए एक प्रेरणा, एक प्रबल आवेग का काम करेगा और मन को एकाग्र करने में सहायता पहुंचाएगा। लेकिन पढ़ने में दक्षता प्राप्त करना पूर्णत: उद्देश्य पर निर्भर होता है। इसलिए ध्यान रखें कि उद्देश्य रहित पढ़ाई का कोई लाभ आप अपने जीवन की प्रगति के लिए नहीं उठा सकते हैं।

समय-सारणी बनाकर नियमित पढ़ाई करें

पढ़ाई का उद्देश्य निर्धारित कर लेने के बाद यह जरूरी है कि आप अपने कोर्स के विषयों को पढ़ने में रुचि लें और नियमित पढ़ाई करें। हर कक्षा में हाजिर रहें। पढ़ाई में किसी प्रकार का व्यवधान उपस्थित न हो और पढ़ाई की शृंखला टूटे नहीं। इसका विशेष ध्यान रखें। समय-सारणी बनाकर पढ़ें। दिनचर्या और स्कूल का समय निकाल कर शेष बचे समय में प्रत्येक विषय के लिए पर्याप्त समय निर्धारित करें और उसी के अनुसार पढ़ें। कोर्स को देखते हुए पाठों का विभाजन ऐसा करें कि वे दिसंबर, जनवरी तक पूरे पढ़े जा सकें। फिर फरवरी, मार्च में उन्हें दोहराएं। समय-सारणी के पालन में आलस न करें। विद्यार्थी समय-सारणी तो बना लेते हैं, लेकिन उसका समुचित पालन नहीं करते।

अधिक से अधिक समय पढ़ें

अनेक विद्यार्थी यह निश्चय नहीं कर पाते हैं कि प्रतिदिन कितने घंटे पढ़ाई करना चाहिए। इस संबंध में कोई निश्चित नियम नहीं है, क्योंकि छोटी कक्षाओं में पाठ्यक्रम कम होता है और बड़ी कक्षाओं में अधिक। इसके अलावा विषय को समझने और ग्रहण करने की क्षमता हर विद्यार्थी में अलग-अलग होती है। अत: महत्त्व इस बात का है कि आप जितना भी प्रतिदिन पढ़ सकें, अधिक से अधिक पढ़ें और ध्यान रखें कि एकाग्रचित्त होकर, मन लगाकर पढ़ें।

सुबह का समय सर्वोत्तम

पढ़ने के लिए सुबह जल्दी उठना सर्वोत्तम माना गया है, क्योंकि इस समय पढ़ा गया अधिक समय तक याद रहता है। सुबह-सुबह दिमाग के ताजा होने और शांत वातावरण का लाभ यह होता है कि आप एकाग्रचित्त होकर पढ़ सकते

हैं। इस समय किसी प्रकार के व्यवधान की समस्या नहीं होती है। कुछ विद्यार्थी रात में जागकर देर तक पढ़ते हैं, इससे नींद पूरी नहीं होती और आंखों पर अधिक जोर पड़ता है, साथ ही स्वास्थ्य पर भी इसका बुरा असर पड़ता है।

ब्रितानी शोधकर्ताओं ने एक अध्ययन में बताया है कि गणित सुबह तथा अंग्रेजी, इतिहास व भूगोल जैसे विषय दोपहर व शाम को पढ़े जाने चाहिए। लंदन स्थित यूनिवर्सिटी कॉलेज के मनोवैज्ञानिक डॉ. एड्रियान फर्नहैम के नेतृत्व में किए गए एक अध्ययन से पता चला है कि किस समय कौन सा विषय पढ़ा जाए, यह महत्त्वपूर्ण है। सुबह मस्तिष्क के लिए कठिन गणनाएं करना व समझना आसान रहता है। अत: सुबह गणित करना व समझना चाहिए। इस अध्ययन से यह निष्कर्ष निकला कि सजगता के स्तर पर जैव तरंगों के प्रभाव के कारण ही छात्र किसी एक समय कोई विषय विशेष ज्यादा अच्छे से पढ़ सकता है। दोपहर व शाम की जैव-तरंगें अंग्रेजी, इतिहास व भूगोल पढ़ने में मदद करती हैं। इस समय मस्तिष्क ज्यादा मात्रा में जानकारी एकत्रित करता है।

कठिन विषय पर अधिक ध्यान दें

वास्तव में देखा जाए तो सभी विषय आसान होते हैं, लेकिन हर विद्यार्थी को अपने कोर्स के कुछ विषय अन्य विषयों की तुलना में कठिन लगते हैं। उन्हें पढ़ने की बिल्कुल इच्छा ही नहीं होती। वे इन विषयों को पढ़ने से बचते रहते हैं और मजबूरी में जब परीक्षा निकट आ जाती है, तब पढ़ते हैं। परिणाम यह होता है कि उस विषय में कम अंक मिलते हैं। विषय का पूरा ज्ञान प्राप्त न होने से नींव कच्ची रह जाती है। फिर जब नींव कच्ची हो, तो भविष्य में वह विषय और भी कठिन लगने लगता है। अत: सभी विषयों को रुचि लेकर पढ़ें और कठिन विषयों की पढ़ाई के लिए अधिक समय निकालें। इसके लिए मित्रों और अध्यापकों की सहायता लेने में संकोच न करें।

कक्षा में घर से पढ़कर जाएं

परीक्षा की मेरिट लिस्ट में आने के लिए हर विषय के पढ़ाए जाने वाले पाठ को घर से पढ़कर जाएं और जो कुछ कक्षा में समझ में न आए, उसे नि:संकोच होकर अध्यापक से पूछकर अच्छी तरह समझ लें। फिर घर आकर उस पाठ को अच्छी तरह तैयार करके नोट्स बना लें। बहुत से विद्यार्थी संकोचवश कक्षा में पाठ के समझ न आने पर या कठिनाई महसूस करने पर भी अध्यापक से पूछते नहीं हैं। इससे वे अपना ही नुकसान करते हैं, क्योंकि जब तक मन में उठने वाली शंकाओं का

समाधान नहीं हो जाता, तब तक आपका ज्ञान अधूरा ही रहेगा। फिर अगले दिन पढ़ाए जाने वाले पाठ को घर से पढ़कर ही कक्षा में जाएं। यह नियम बना लेने से आप निश्चय ही अच्छे अंकों से पास होंगे और मेरिट में आएंगे।

कक्षा में एकाग्रचित्त रहें

कक्षा में पढ़ाए जा रहे पाठ को पूरे मनोयोग से ध्यान देकर अवश्य सुनें। अपना ध्यान कक्षा के बाहर हो रही गतिविधियों की ओर, अन्य छात्र-छात्राओं की ओर देखने में न लगाएं। आपका मन कहीं और न भटक जाए, इसका विशेष ध्यान रखें। एकाग्रचित्त होकर हमेशा ब्लैकबोर्ड और अध्यापक पर ध्यान बनाए रखें। कोशिश यही करें कि कक्षा में आगे की पंक्ति में ही बैठें। सबसे आखिरी पंक्ति में बैठने पर कानाफूसी और शोर-शराबे के कारण अध्यापक की अधिकांश बातें आप सुन नहीं सकेंगे, जिससे आपको पाठ समझ में नहीं आएगा।

पढ़े हुए को सोचें और विचार करें

पढ़ना केवल ज्ञान की सामग्री को जुटाता है और सोचना-विचारना ही उस पढ़ी हुई सामग्री को स्मरणीय बना देता है। पढ़ने को गुणकारी बनाने के लिए यह जरूरी है कि पढ़ने के दौरान और बाद में भी उस विषय में सोचा-विचारा जाए। अत: पढ़ने के साथ-साथ मनन भी करते जाएं, अन्यथा पढ़ने का प्रभाव अस्थाई और दुर्बल होगा तथा वह दिमाग से फिसल जाएगा। आपके सोचने-विचारने की शक्ति जितनी बलिष्ठ होगी, उतना ही अधिक लाभकारी अध्ययन होगा। तीव्रता से सोचने-विचारने से मन एकाग्र होगा और जो कुछ पढ़ा जाएगा, वह समझने और याद करने में सहायक होगा।

अपना शब्द भंडार बढ़ाएं

शब्द ज्ञान को विस्तृत करने से मानसिक निपुणता बढ़ती है। हर विद्यार्थी को रोज दो-चार नए कठिन शब्दों के अर्थ समझकर याद करते जाना चाहिए और उन सबको एक डायरी में नोट करते रहें। हर हफ्ते सीखे हुए शब्दों को अर्थ सहित दोहराएं। धीरे-धीरे कुछ वर्षों में आपका शब्द भंडार समृद्ध हो जाएगा और आपको भाषा लिखते समय कोई संदेह नहीं होगा। हिंदी और अंग्रेजी का ज्ञान इसी प्रकार बढ़ाना चाहिए।

बोलकर पढ़ने की आदत छोड़ें

छोटी कक्षाओं में बोलकर पढ़ना अधिक लाभदायक होता है, क्योंकि इससे एक तो उच्चारण शुद्ध हो जाता है, दूसरे मन को एकाग्र करने की आदत पड़ती

है। इसके अलावा आपकी झिझक दूर होती है। बड़ी कक्षाओं के विद्यार्थी को बोलकर नहीं पढ़ना चाहिए, क्योंकि इस आदत से जहां दूसरों को अध्ययन में बाधा पहुंचती है, वहीं बोलने में आपकी बहुत-सी शक्ति नष्ट हो जाती है।

लगातार एक ही विषय न पढ़ें

जब आप एक विषय पढ़ते-पढ़ते बोर हो जाएं, तो फिर दूसरे विषय की पुस्तक निकालकर पढ़ना शुरू कर दें। कुछ समय बाद फिर इसी प्रकार विषय बदलकर पढ़ने की आदत बना लें। अधिक पढ़ने के लिए ऐसा करना जरूरी होता है।

उत्साह और एकाग्र मन से पढ़ें

कोर्स की किताबों का पूरा-पूरा ज्ञान पाने के लिए यह जरूरी है कि आप उसे उत्साह और एकाग्र मन से पढ़ें। इससे आपके ज्ञान में वृद्धि होगी और पढ़ा हुआ परीक्षा में काम आएगा। पढ़ने के समय और ध्यान क्रिकेट मैच के प्रसारण पर लगा हो, तो ऐसी पढ़ाई से न केवल समय नष्ट होगा, बल्कि मन की शक्ति भी शिथिल होगी। अतः जितनी देर भी पढ़ें, उतने समय तल्लीन होकर पढ़ने की आदत डालें, जिससे पढ़ा हुआ याद रखने में भी मदद मिलेगी।

मूड के चक्कर में न पड़ें

मेरिट लिस्ट में परीक्षा उत्तीर्ण करने के अभिलाषी विद्यार्थी को कभी भी मूड के चक्कर में पड़कर अपनी पढ़ाई को टालना नहीं चाहिए। पढ़ने से जी चुराने वाले विद्यार्थी ही मूड का बहाना बनाकर अपना कीमती समय व्यर्थ गंवाते हैं।

किताबी कीड़े बनकर न रह जाएं

स्कूल की पढ़ाई के दौरान दिन-रात किताबों में ही न उलझे रहें। अपनी प्रतिभाओं के विकास के लिए कुछ समय समचार-पत्र, पत्रिकाएं पढ़ने, रेडियो, टी.वी. के कार्यक्रम सुनने और देखने, खेलने और श्रेष्ठ वक्ताओं के भाषण आदि सुनने में भी लगाएं।

आलस्य को त्यागें

विद्यार्थी जीवन में आलस्य का सहारा लेने वाले छात्र न अपना ही भला कर पाते हैं और न किसी और का। इस दुर्गुण के कारण पढ़ाई में मन ही नहीं लगता और समस्त चेतनाएं एवं शक्तियां नष्ट हो जाती हैं। आलस्य त्याग करके ही आप परीक्षा में मेरिट लाने का अपना लक्ष्य प्राप्त कर सकते हैं।

पिछले वर्ष के प्रश्न पत्रों को हल करें

कक्षा के पुराने वर्षों के प्रश्न पत्र प्राप्त कर, उन्हें हल करने की प्रैक्टिस कर लेने से आपमें आत्मविश्वास जागेगा और आप परीक्षा में प्रश्नों के उत्तर अच्छी तरह लिख सकेंगे, क्योंकि इससे प्रश्न पूछने और उनके उत्तर लिखने के तरीकों का अच्छी तरह ज्ञान हो जाएगा।

उपरोक्त बातों पर अमल करके आप परीक्षा में निश्चित ही अच्छे अंक पाने में सफल हो जाएंगे।

❑❑

पुस्तकालय से लाभ उठाएं

> मैं नरक में भी अच्छी पुस्तकों का स्वागत करूंगा, क्योंकि उनमें वह शक्ति है कि जहां ये होंगी, वहीं स्वर्ग बन जाएगा।
> —लोकमान्य तिलक
>
> पुराना कोट पहनो और नई किताबें खरीदो।
> —थोरो
>
> पुस्तक प्रेमी सबसे अधिक धनी और सुखी है।
> —बनारसीदास चतुर्वेदी
>
> यदि कोई व्यक्ति पुस्तक पढ़ने के योग्य है, तो वह उसे खरीदने के भी योग्य है।
> —रस्किन

इसमें कोई दो मत नहीं कि परीक्षा की मेरिट लिस्ट में स्थान पाने के लिए विषय की श्रेष्ठ व उपयोगी पुस्तकें, जो अनुभवी लेखकों द्वारा लिखी गई हों, से अध्ययन कर नोट्स बनाने होते हैं।

विद्यार्थियों को हायर सेकेंडरी तक तो बोर्ड द्वारा निर्धारित की गई विषयों की विभिन्न पुस्तकों की सूची प्रास्पेक्टस में दी जाती हैं, जिसमें कई विषय ऐसे होते हैं जिनमें एक ही विषय पर अनेक लेखकों की लिखी पुस्तकों की अनुशंसा की गई होती है। इनमें से सभी पुस्तकें तो खरीदी नहीं जा सकतीं, लेकिन उनमें श्रेष्ठ का चयन कर प्रत्येक विषय की एक-एक पुस्तक तो खरीदनी ही होती है, ताकि पाठ पढ़कर कक्षा में जाया जा सके और फिर घर आकर उसकी सहायता से नोट्स बनाए जा सकें। नोट्स तैयार करने में यदि उसी विषय की अन्य लेखकों के पुस्तकों की भी सहायता ली जाए, तो अति उत्तम होगा।

इनमें से हर विषय की श्रेष्ठ, उपयोगी पुस्तकों का चुनाव करना आसान काम नहीं होता। अत: उत्तम तो यह होगा कि अपनी कक्षा में पुस्तकों के चुनाव के लिए अपने अध्यापक के अनुभव का लाभ उठाया जाए। आपके किसी मित्र या परिचित ने यदि आपकी कक्षा पिछले वर्ष उत्तीर्ण कर ली हो, उसके अनुभव का भी आप लाभ उठा सकते हैं। इसके अलावा बोर्ड के प्रास्पेक्टस/सिलेबस में जिन पुस्तकों की सिफारिश की गई हो, उन्हें देखकर, समझकर जो श्रेष्ठ लगे, उनका चुनाव कर सकते हैं। आप अपने विवेक और अनुभव के आधार पर विभिन्न लेखकों की उन पुस्तकों को जिनमें विषय सामग्री का रोचक ढंग से, सरल भाषा में पर्याप्त उदाहरणों सहित प्रस्तुतिकरण हो और जिनमें आपका पूरा कोर्स सम्मिलित हो, खरीद सकते हैं।

नई पुस्तकें खरीदें

हमेशा नई पुस्तकें खरीदने की कोशिश करें। एक तो इनसे नवीनतम जानकारी मिल जाती है, दूसरे इन्हें पढ़ने की उमंग भी जागती है। जहां पुरानी खरीदी किताबों में नवीनतम जानकारी का अभाव होता है, वहीं उनकी हालत भी इतनी खराब होती है कि पढ़ने की उमंग नहीं जागती। अत: आपको अपने अन्य खर्चों में कटौती भी करना पड़ जाए तो करें, लेकिन नई पुस्तकें ही खरीदने का प्रयास करें।

पुस्तकें कैसी हों

पुस्तकें खरीदते समय इस बात का विशेष ध्यान रखें कि प्रत्येक विषय की पुस्तक आपका पूरा कोर्स कवर करती हो, संस्करण नवीनतम हो, भाषा-शैली रोचक व सरल हो, विषय की विवेचना शीर्षकों और उपशीर्षकों में बंटी हो, छपाई साफ-सुथरी हो, तकनीकी शब्दों को अंग्रेजी में भी दिया गया हो और विषय-वस्तु को समझाने के लिए पर्याप्त चित्र, रेखाचित्र, ग्राफ, सारणी आदि का समावेश किया गया हो।

पुस्तकालय जाएं

इसमें कोई दो मत नहीं कि आज की आर्थिक परिस्थितियों में जहां अपने विषय की मूल पाठ्य पुस्तकें खरीदना विद्यार्थियों के लिए कठिन होता है, वहां एक ही विषय पर विभिन्न लेखकों द्वारा लिखी पुस्तकें जुटा पाना संभव नहीं होता। ऐसे में पुस्तकालय की मदद ली जा सकती है। हर स्कूल में पुस्तकालय होते हैं, जहां एक ही विषय पर विभिन्न लेखकों की पुस्तकें उपलब्ध होती हैं। जिन विद्यार्थियों को परीक्षा में मेरिट लानी होती है, वे पुस्तकालय जाकर

इन पुस्तकों से लाभ उठाते हैं। एक ही विषय पर अनेक लेखकों की पुस्तकें पढ़ने से विभिन्न शैलियों के ज्ञान के अलावा कुछ क्लिष्ट और दुरूह बातें बड़ी आसानी से समझ में आ जाती हैं।

अनेक विद्यार्थी पुस्तकालय में कभी नहीं जाते और न ही वहां उपलब्ध किताबें ही इश्यू करवाते हैं। बस, कार्ड घर पर रखे रहते हैं। उन्हें घर पर रखी किताबें ही पढ़ने की फुरसत नहीं मिलती, फिर भला पुस्तकालय जाने का समय कहां से लाएंगे? ऐसे विद्यार्थी अपना समुचित विकास करने में पिछड़ जाते हैं।

वास्तव में देखा जाए तो पुस्तकालय ज्ञान का भंडार होते हैं। ये पाठक की जिज्ञासा की शांति का स्थल और बौद्धिक विकास एवं ज्ञान की तृप्ति का आश्रय हैं। हमारे ज्ञानार्जन के लिए विद्यालय और पुस्तकालय माता सरस्वती के दो मंदिर हैं। विद्यालयों में गुरु के मुख से सुन, समझकर विद्या अर्जित की जाती है, जबकि पुस्तकालयों में अध्ययन और चिंतन-मनन द्वारा ज्ञानार्जन होता है।

समाचार पत्र अवश्य पढ़ें

जो विद्यार्थी दैनिक जीवन में समाचार पत्र नहीं पढ़ते, वे पढ़े-लिखे अज्ञानी बने रह जाते हैं। माना कि स्कूल में पढ़-लिखकर वे कोर्स का ज्ञान प्राप्त करते हैं, लेकिन समाचार पत्र वास्तव में सामाजिक ज्ञान का अमित भंडार होते हैं। आपके शहर, देश-विदेश में घटित घटनाओं की जानकारियों के अलावा समाचार पत्रों से आपको अपनी रुचि के अनुसार बहुत सी नई-नई बातें रोज सीखने को मिलती हैं। अत: नियमित रूप से पुस्तकालय जाकर समाचार पत्र अवश्य पढ़ते रहें।

पुस्तकालय से ज्ञान की वृद्धि

आधुनिक युग में तो मनोरंजन के अनेक साधन मौजूद हैं, लेकिन वे सब मनोरंजन के साधन पुस्तकालय के सामने नगण्य हैं। पुस्तकालय से मनोरंजन के साथ-साथ पाठक का आत्म-परिष्कार एवं ज्ञान-वृद्धि होती है। यहां बैठकर आप बिना मूल्य के समाचार पत्रों से देश-विदेश के समाचारों के अलावा अनेक प्रकार की ज्ञानवर्धक जानकारियां प्राप्त कर सकते हैं। भिन्न-भिन्न विषयों की ज्ञानवर्धक, रोचक, मनोरंजक पुस्तकों के अध्ययन से हम समय का सदुपयोग कर सकते हैं। अपने व्यर्थ समय को पुस्तकालय में व्यतीत करना समय की सबसे बड़ी उपयोगिता है। वास्तव में पुस्तकें मनुष्य की सच्ची मित्र, सद्गुरु और जीवन पथ की संरक्षिका हैं। पुस्तकालय का महत्त्व सभी देवालयों से अधिक है, क्योंकि पुस्तकालय ही हमें देवालय में जाने योग्य बनाते हैं। अत: आप पुस्तकालय से कितना लाभ उठा सकते हैं, यह आपके प्रयत्न या अभिरुचि पर निर्भर करता है।

❏❏

नोट्स बनाने में निपुणता लाएं

> स्कूल की पढ़ाई के दौरान बनाए गए नोट्स से परीक्षा में बहुत लाभ मिलता है, लेकिन इन्हें बनाते समय ध्यान रखें कि ये रसमय, ज्ञानमय, उपयोगी और संक्षिप्त हों, तभी इनका अधिक लाभ मिलेगा।

जो विद्यार्थी नोट्स बनाने की कला में निपुणता प्राप्त कर लेते हैं, उन्हें स्कूल की पढ़ाई में बहुत लाभ मिलता है। आगे भविष्य में भी उनकी यह आदत जीवन के अनेक क्षेत्रों में उपयोगी सिद्ध होती है। आपने देखा होगा कि लेखक, कवि, कथाकार, उपन्यासकार, अध्यापक, नेता, वकील, व्यापारी हरेक को अपने-अपने क्षेत्रों में पूर्ण सफलता प्राप्त करने के लिए आए दिन नोट्स बनाने की जरूरत पड़ती रहती है।

जब परीक्षा सिर पर आ जाती है, तब समय कम होता है और किताबें अधिक। इन दिनों मोटी-मोटी किताबें, बड़े-बड़े अध्याय पढ़ने का समय किसी भी विद्यार्थी के पास नहीं होता। ऐसे में इतमीनान से पूरी किताबें पढ़ने और समझने के लिए काफी समय की जरूरत होती है। जब समय कम और मोटी-मोटी किताबें पढ़ना शेष होती हैं, तो हाथ-पैर फूलने लगते हैं। इन मौकों पर पहले से फुरसत में बनाए गए नोट्स अधिक उपयोगी सिद्ध होते हैं।

जो विद्यार्थी पढ़ाई के साथ-साथ, समय-समय पर नियमित रूप से नोट्स बनाते रहते हैं और दशहरे, दीपावली, बड़े दिन की छुट्टियों में पुस्तकालयों से पुस्तकें लाकर छूटे हुए विषयों के नोट्स तैयार कर लेते हैं, उन्हें परीक्षा नजदीक आने पर बिल्कुल भय नहीं सताता, बल्कि उन्हें खुशी ही मिलती है। नोट्स बनाने का सबसे बड़ा फायदा यह है कि समय की बचत के साथ कम समय में ये दुहराए जा सकते हैं। इसलिए मेरिट लिस्ट में आने के लिए अपने बनाए गए नोट्स बहुत लाभकारी होते हैं।

लिखने के लाभ

कई विषय ऐसे होते हैं, जिन्हें मात्र पढ़ लेने से काम नहीं चलता और न ही वे याद होते हैं। नोट्स बनाने की प्रक्रिया में आपकी अधिक लिखने की प्रैक्टिस बढ़ेगी, सुलेख लिखने का मौका मिलेगा और लेखन की अशुद्धियां दूर हो जाएंगी। बार-बार शब्दों के हिज्जे लिखने से वे आसानी से याद भी हो जाते हैं। अपने भाव धारा प्रवाह रूप में प्रकट करने की आदत बन जाती है, जो प्रश्नों के उत्तर लिखते समय काफी लाभदायक सिद्ध होती है।

नोट्स क्या हैं

सर्वोत्तम नोट्स वे कहलाते हैं, जो लेक्चर को ध्यानपूर्वक सुनने और उसे अच्छी तरह समझने के बाद, विभिन्न पाठ्य-पुस्तकों की सहायता से तैयार किए जाते हैं। कक्षा में अध्यापक के लेक्चर को बिना समझे-बूझे नोटबुक में लिख लेना मात्र नोट्स नहीं है। ऐसे नोट्स शीघ्रता में और अस्पष्ट रूप से विषय की जानकारी देते हैं, जो पूर्ण नहीं होते। अनेक बार तो वे मात्र संकेत रूपी विचार ही होते हैं। हां, घर आकर इनकी सहायता से विषय की विभिन्न पुस्तकों के मैटर को मिलाकर संबंधित प्रश्न का सटीक उत्तर उसी दिन तैयार कर लिया जाए, तो यह नोट्स कहलाता है और यह विद्यार्थियों के लिए बहुत लाभकारी सिद्ध होता है। हर हफ्ते दोहराते रहने से ये आसानी से याद हो जाते हैं।

महत्त्व का ध्यान रखें

घर पर या पुस्तकालय में नोट्स बनाते समय आराम से पूरे अध्याय को पढ़ें, समझें और उसी प्रकार महत्त्वपूर्ण बातें नोट करते जाएं तथा व्यर्थ की विस्तृत बातें छोड़ते जाएं। यदि कुछ और लेखकों की पुस्तकें आपके पास हैं, तो उनमें से भी महत्त्वपूर्ण बातें नोट कर लें और फिर सभी बातों को क्रमबद्ध कर सहज तथा सरल भाषा में उत्तर लिखें।

नोट्स बनाने से पूर्व

नोट्स तैयार करने से पूर्व निम्न बातों की ओर ध्यान देना आपको लाभकारी होगा:

- जिस कापी में नोट्स बनाएं, उसमें कम से कम दो इंच का हाशिया अवश्य छोड़ें, ताकि बाद में किसी अन्य पुस्तक से उस विषय की नई जानकारी मिलने पर, उसी के सामने हाशिये पर दूसरे रंग की स्याही से लिख लें।

- नोट्स लिखते समय साफ-सुथरा हस्तलेख लिखने का प्रयास करें, ताकि उसे पढ़ने-समझने में कठिनाई न हो, अन्यथा घसीट कर लिखी गई लिखाई पढ़ने में आपको अधिक कठिनाई पैदा होगी और दोहराते समय इसे पढ़ने से मन में ऊब होगी।

- नोट्स बनाने के पहले पाठ्य पुस्तक के पूरे अध्याय को अच्छी तरह पढ़कर समझ लें, फिर मुख्य-मुख्य बातों के नीचे पेंसिल से रेखाएं खींच लें। अन्य सहायक पुस्तकों से भी इसी विषय से संबंधित मैटर निकालें। अब जो मैटर जिस प्वाइंट से संबंधित है, उसे उसी प्वाइंट के साथ मिलाकर अपनी भाषा-शैली में लिखें। इस प्रकार यह उत्तर पूरी तरह आपका अपना उत्तर होगा, जो अन्य विद्यार्थियों से अलग होगा।

- जो नोट्स कक्षा में अध्यापक द्वारा लिखवाए गए हों, उन्हें ज्यों का त्यों याद करके परीक्षा में टीप देने से परीक्षक समझता है कि आपने रट कर जवाब लिखा है और जब सभी कापियों में एक सा जवाब मिलेगा, तो उसका प्रभाव उतना अच्छा नहीं पड़ेगा, जितना अच्छा आपके द्वारा परिवर्तित जुड़े हुए नए मैटर के लिखने से पड़ेगा।

- नोट्स बनाने का उद्देश्य यही होता है कि मात्र पाठ्य पुस्तक के भरोसे न रहकर आप दूसरी उपलब्ध पुस्तकों से संबंधित विषय पर कई नए तथ्य एकत्रित करके न केवल अपना ज्ञान बढ़ाएं, अपितु परीक्षा में इस उत्तर के माध्यम से अपने ज्ञान का प्रदर्शन भी करें।

- ध्यान रखें कि नोट्स का रसमय, ज्ञानमय, उपयोगी और संक्षिप्त होना ही उसकी श्रेष्ठता की पहचान है।

- विषय के संबंध में क्रमबद्ध जानकारी मिल सके, इसके लिए नोट्स बनाते समय क्रम का ध्यान अवश्य रखें। फिर उन्हें, शीर्षक, उपशीर्षक, रेखाचित्र, सारणी आदि से सुसज्जित करें। विषय के बीच-बीच में विद्वानों की परिभाषाएं और उद्धरणों का समावेश भी अवश्य करते जाएं।

- जितने लंबे उत्तर आप कापी में लिख सकें, उसी क्षमता को ध्यान में रखकर ही नोट्स बनाएं। बहुत बड़े-बड़े नोट्स बनाकर संक्षिप्त उत्तर देने की प्रवृत्ति ठीक नहीं होती। इससे दिमाग पर अनावश्यक बोझ पड़ता है। कम मैटर हो लेकिन ठोस हो तो अच्छी तरह याद रखना आसान होता है। विस्तृत नोट्स का बीच का मैटर जरा-सा भी भूल जाने पर पूरा उत्तर संतोषप्रद देने में रुकावट आ सकती है।

- नोट्स इतने संक्षिप्त भी न बनाएं कि विषय का पूरा मैटर उसमें न आ सके। नोट्स में जहां-जहां व्याकरण, भाषा और वर्तनी संबंधी गलतियां हों, उसे पढ़ते समय ही ठीक करते जाना चाहिए। इससे भविष्य में आपसे लेखन में कम से कम गलतियां होंगी।

- अपने नोट्स को याद करने से पहले अच्छी तरह समझ लें। कठिन शब्दों के अर्थ पेंसिल से वहीं पर फुरसत में लिख लें, ताकि अगली बार उन्हें पढ़ते समय दुबारा उसको तोता बनकर न रटें। बल्कि अपने साथियों, अध्यापकों से अच्छी तरह समझ लें। समझकर याद किए नोट्स आसानी से लंबे समय तक दिमाग में बने रहते हैं।

- नोट्स बुक को अपनी सबसे महत्त्वपूर्ण वस्तु मानकर उसकी पूरी देखभाल करनी चाहिए। पढ़ाई के समय उसे सदैव अपने पास रखें। किसी भी मित्र को परीक्षा के दिनों में अपने नोट्स उधार न दें, क्योंकि ऐन वक्त पर वह उसे खोकर या छिपाकर वापस न लौटाए, तो आपकी सारी मेहनत पर पानी फिर सकता है। अत: इस संबंध में सतर्क रहें।

- अपने नोट्स की कापियां स्कूल न ले जाएं, क्योंकि वह खो सकती हैं या फिर कोई उन्हें आपसे मांगकर ले जा सकता है। दोनों ही स्थितियों में आपको नुकसान ही होगा।

❏❏

अध्ययन में कड़े परिश्रम से जी न चुराएं

> सफलता का कोई रहस्य नहीं। वह केवल अति परिश्रम चाहती है।
> —हेनरी क्रेक
>
> कोई भी व्यक्ति जब किसी वस्तु के लिए श्रम नहीं करेगा, वह वस्तु उसे प्राप्त नहीं हो सकती।
> —गारफील्ड
>
> बिना परिश्रम के कोई भी मूल्यवान वस्तु प्राप्त नहीं की जा सकती।
> —एडिसन

मेरिट लिस्ट में वे ही विद्यार्थी आते हैं, जो इसकी प्राप्ति के लिए पूरे वर्ष कड़ा परिश्रम करते हैं। पढ़ाई न करने वाले, आलसी और कड़े परिश्रम से जी चुराने वाले विद्यार्थी किसी भी क्षेत्र में सफल नहीं होते। सफलता उसी विद्यार्थी का वरण करती है, जिसने उसकी प्राप्ति के लिए कड़ा परिश्रम किया हो।

हितोपदेश में कहा गया है–

> उद्यमेन हि सिध्यन्ति कार्याणि न च मनोरथैः।
> न हि सुप्तस्य सिंहस्य प्रविशन्ति मुखे मृगाः॥

अर्थात् उद्यम और कठिन परिश्रम से ही मनुष्य की कार्य सिद्धि होती है, केवल इच्छा मात्र से नहीं। जैसे कि सोते हुए सिंह के मुख में मृग स्वयं नहीं घुसते। सफल व्यक्तियों के जीवन इस बात के प्रमाण हैं कि जो मनुष्य अपने जीवन में जितना परिश्रमी रहा, उसने उतनी ही अधिक उन्नति की।

ध्यान रखें कि केवल इच्छा कर लेने मात्र से ही आप परीक्षा में मेरिट लिस्ट में नहीं आ सकते। इस लक्ष्य को प्राप्त करने के लिए आपको आलस्य का पूरी तरह त्याग करना होगा। आलसी विद्यार्थी कभी उन्नति नहीं कर सकते। अगर आपके मन में सुस्ती भरी है, तो आप निश्चय ही कुछ नहीं कर सकेंगे।

परिश्रम करते रहना और अध्यवसायी होना ही उन्नति पाने की पहली शर्त है। अतः आपको अपनी समस्त शक्तियों को निपुणता और परिश्रम के साथ उत्साहपूर्वक पढ़ाई में लगाना होगा, क्योंकि परिश्रम सफलता की कुंजी है। परिश्रम से शारीरिक तथा मानसिक शक्तियों का विकास होता है। यह आपमें आत्मविश्वास जगाता है। आपके कार्य में दक्षता लाता है।

आपने चींटी का परिश्रम से भरा हुआ जीवन देखा होगा। वह परिश्रम के बल पर ही लंबी से लंबी दूरी भी सरलता से पार कर लेती है। अनवरत श्रम करना उसका स्वभाव है। इसी प्रकार जीवन की दौड़ में परिश्रम करने वाला विद्यार्थी ही विजयी होता है। कहा भी गया है–'**श्रम एव जयते**' अर्थात् परिश्रम की सदा विजय होती है।

महावैयाकरण बोपदेव को कौन नहीं जानता? आरंभ में वह महा मंदबुद्धि था। उसका मन पढ़ने में नहीं लगता था। पाठशाला में सभी मजाक उड़ाते थे। घर पर भी उसे डांट सहनी पड़ती थी। वह निराश हो गया। उसने सोचा पढ़ने से कोई लाभ नहीं, कोई काम करना चाहिए। पाठशाला छोड़कर बोपदेव निकल पड़ा। इधर-उधर भटकने के बाद एक दिन गांव के निकट कुएं के किनारे बैठकर अपनी दुर्दशा पर विचार करने लगा और परेशानियों का हल ढूंढ़ने की कोशिश करने लगा। सोचते-सोचते उसकी नजर सामने वाले पत्थर पर गई। पत्थर पर गहरी लकीरों के निशान बन गए थे, जो पानी खींचते समय रस्सी से पड़े थे। बोपदेव ने सोचा, यदि कोमल रस्सी की बार-बार रगड़ पड़ने से इतना कठोर पत्थर भी घिस सकता है, तो मेरी मोटी बुद्धि निरंतर प्रयत्न और अभ्यास करने से विद्याध्ययन के योग्य क्यों नहीं बन सकती?

बोपदेव ने अपना टूटा साहस बटोरा और वह फिर पाठशाला जाने लगा। अब उसने पूरे मनोयोग और दुगुने परिश्रम से पढ़ना शुरू किया। परिणाम यह हुआ कि उसे विजयश्री मिली और वह मेधावी स्नातक बन गया।

वृंद कवि ने लिखा है–

करत-करत अभ्यास के, जड़मति होत सुजान।
रसरी आवत जात ते, सिल पर होत निसान॥

कण-कण जोड़ने से किलो इकट्ठा हो जाता है। उसी प्रकार यदि आप निरंतर कड़ा परिश्रम करते रहेंगे, तो परीक्षा की मेरिट लिस्ट में आपका नाम अवश्य आ जाएगा। लगन के साथ किए गए परिश्रम में बड़ी शक्ति होती है।

अतः ध्यान रखें अपने लक्ष्य में सफलता पाने का मंत्र है–निरंतर कड़ा परिश्रम।

पढ़ाई के बीच कुछ मनोरंजन भी करें

> *बिना मनोरंजन के जीवन भार स्वरूप लगने लगता है, नित्य एक से कामों को करते रहने से ऊब पैदा होती है। इससे कार्यक्षमता भी कम हो जाती है। ऐसे में अपनी रुचि के अनुसार मनोरंजन करने से जहां नई ताजगी मिलती है, जीवन में रस घुलता है और मन में नूतन शक्ति का संचार होता है, वहीं काम में पुन: पूरे जोश से जुटने की उमंग भी जागती है।*

परीक्षाएं जब बिल्कुल पास आ गई हों, तब प्रत्येक विद्यार्थी का यही प्रयास होता है कि अधिक से अधिक समय पढ़ाई में लगाया जाए, ताकि परीक्षा में अधिक अंकों की प्राप्ति हो सके। उसके लिए मन लगाकर पढ़ाई करना जरूरी होता है और इस लक्ष्य को प्राप्त करने के लिए जरूरी है कि मस्तिष्क को तरोताजा व तनाव रहित रखा जाए। अत: पढ़ाई के दौरान बीच-बीच में कुछ समय हलका-फुलका मनोरंजन भी अवश्य कर लेना चाहिए।

रुचि के अनुकूल मनोरंजन कर लेने से फिर नए उत्साह और उल्लास से कार्य करने की क्षमता आ जाती है और उसका स्वास्थ्य पर भी बड़ा अच्छा प्रभाव पड़ता है। बिना मनोरंजन के लगातार पढ़ने-लिखने से विद्यार्थी तनावग्रस्त हो जाते हैं, उनमें चिड़चिड़ापन आ जाता है, घर के सदस्यों से तर्क-वितर्क करने लगते हैं, हर किसी पर झुंझलाने लगते हैं और शारीरिक रूप से थकान महसूस करने लगते हैं।

परीक्षा के दिनों में रोज लगातार पढ़ाई-लिखाई करने में अधिकांश समय व्यतीत करके विद्यार्थी ऊबने लगते हैं और जीवन के प्रति उनका घृणात्मक दृष्टिकोण हो जाता है। लगातार पढ़ते रहने से पढ़ाई बोझ लगने लगती है और कार्यक्षमता घट जाती है। ऐसे में उसे मनोविनोद के साधनों की परम आवश्यकता होती है।

लंदन के विशेषज्ञों का कहना है कि परीक्षा की तैयारी में लगे बच्चों को अगर पढ़ाई के साथ ही रेडियो भी सुनने दिया जाए तो वे अच्छे अंक लाने में सफल रहते हैं। इसके लिए बच्चों के अध्ययन कक्ष में एक बड़े आकार की मेज, एक रेडियो, हलके रंग की साज-सज्जा, जो ध्यान न बटाए, एक खिड़की जिससे प्राकृतिक रोशनी आए जरूरी है। माता-पिता बच्चों पर शांत वातावरण के बजाय रेडियो की हलकी आवाज में पढ़ने को प्रेरित करें। मनोवैज्ञानिक प्रो. माइकल होव का कहना है कि बच्चों की आवश्यकताएं अलग-अलग होती हैं, लेकिन अगर उन्हें रोशनी, कुर्सी, खुशबू व हलका संगीत का मनमाफिक माहौल दें, तो परीक्षा में उनके प्रदर्शन में वांछित सुधार ला सकते हैं।

आप अपनी दिनचर्या ऐसी बनाएं कि हर विषय को रोज समय दें और प्रत्येक नए विषय को आरंभ करने के पूर्व कुछ समय मनोरंजन के लिए निकालें। जैसे, आपने प्रात: 6 बजे से 8 बजे तक गणित, उसके बाद 2 घंटे अंग्रेजी, फिर 2 घंटे अन्य विषय पढ़ने का कार्यक्रम बनाया, किंतु इसमें मनोरंजन के लिए कहीं समय नहीं डाला तो एक-दो दिन में ही आपको ऊब होने लगेगी। अत: आपको चाहिए कि इस क्रम में हर विषय 2 घंटे पढ़ने के बाद 15-20 मिनट आराम अथवा मनोरंजन के लिए भी तय करें, ताकि अगले विषय की तैयारी के लिए आप मानसिक रूप से तरोताजा हो जाएं।

मनोरंजन के साधन

समय के साथ-साथ मनोरंजन के साधनों में भी काफी परिवर्तन आ गए हैं। विज्ञान के आविष्कारों ने रेडियो, स्टीरियो, टेप, टी.वी., वीडियो गेम्स, सिनेमा आदि मनोरंजन के साधन हमें दिए हैं, किंतु मनोरंजन का सीधा संबंध हमारी इच्छा से है। व्यक्ति के मनोरंजन के साधन अलग हो सकते हैं। मनोरंजन किसी भी रूप में हो सकता है। आप चाहें तो परिवार के सदस्यों के साथ हंस बोल सकते हैं। हास्य-व्यंग्य की पत्रिका पढ़ सकते हैं। मनपसंद 4-5 गाने टेप पर सुन सकते हैं। रेडियो पर फिल्मी गीत सुन सकते हैं। इस तरह किसी भी प्रकार की दूसरी गतिविधि में हिस्सा लेकर आप अपने मस्तिष्क को अगले विषय की तैयारी के लिए सक्षम बना सकते हैं।

स्वस्थ मनोरंजन

इसमें कोई दो मत नहीं कि स्वस्थ मनोरंजन जहां व्यक्ति को नई ताजगी देता है, जीवन में रस घोलता है और नूतन शक्ति का संचार करता है, वहीं अशुद्ध और अपरिष्कृत मनोरंजन व्यक्ति को नीरस, कुंठित और पथभ्रष्ट बनाता है।

मनोरंजन का मतलब सिर्फ इतना है कि मन के खिंचे हुए तार थोड़े ढीले करें और जीवन वीणा को इस योग्य रहने दें कि पुन: जब उसका साज बजाना हो, तो वह पहले की भांति सक्रिय, सतेज और सुमधुर हो। अत: पढ़ाई के दौरान कुछ मनोरंजन कर अपने मस्तिष्क को तनाव रहित बनाए रखें, ताकि आपकी स्मरण तथा ग्रहण शक्ति बढ़े और पढ़ाई उबाऊ या बोझ न लगे।

विश्राम भी लाभदायक

पढ़ने के बाद उत्पन्न हुई थकान को दूर करने के लिए विश्राम भी किया जा सकता है। इससे व्यय हुई शारीरिक ऊर्जा को पुन: एकत्र करने का अवसर मिलता है। विश्राम वह अदृश्य प्राकृतिक औषधि है, जो आपके शरीर में नई ऊर्जा का संचार करती है। विश्राम शारीरिक ऊर्जा को उसी प्रकार रिचार्ज करता है, जिस प्रकार एक बैटरी को रिचार्ज किया जाता है। जिस प्रकार बैटरी को रिचार्ज करते समय निष्क्रिय अवस्था में रखा जाता है, उससे कोई कार्य नहीं लिया जाता, उसी प्रकार आप विश्रामावस्था में अपने शरीर एवं मस्तिष्क को सभी प्रकार की क्रियाओं से छुट्टी प्रदान कर पूर्ण विश्राम प्रदान कीजिए, तभी आप विशेष प्रकार की ताजगी और स्फूर्ति का अनुभव कर सकेंगे।

शास्त्रों में कहा गया है कि बुद्धिमान व्यक्ति का मनोरंजन, मनोविनोद, अच्छी पुस्तकों के अध्ययन करने में होता है और मूर्खों का लड़ने, सोने और संसार के अनके दुर्व्यसनों में फंसकर।

❝❝

ट्यूशन लाभदायक है या हानिकारक

> यदि आप वास्तव में किसी विशेष विषय में कमजोर हैं, तो ट्यूशन लगाकर उसमें निपुणता पाना बुरा नहीं कहा जा सकता। लेकिन आस-पड़ोस का माहौल देखकर मात्र होड़ के चक्कर में पड़कर ट्यूशन लगाना, पैसे खराब करना है। छोटी कक्षाओं की पढ़ाई तो घर में ही माता-पिता या अन्य अभिभावकों के मार्गदर्शन में आसानी से की जा सकती है।

पहले के समय में जो विद्यार्थी अपनी पढ़ाई में कमजोर होते थे और उनके माता-पिता या अभिभावक चाहते थे कि परीक्षा में अच्छी श्रेणी प्राप्त हो, तो वे अपने घर पर ट्यूशन का इंतजाम कर लेते थे। यह ट्यूशन अकसर, क्लास में पढ़ाने वाले अध्यापक ही देते थे। धीरे-धीरे समय बदला और अध्यापकों को लगा कि कौन घर-घर जाकर अपना समय नष्ट करे। क्यों न अपने ही घर पर सारे विद्यार्थियों को बुलाकर पढ़ाया जाए, ताकि कम समय में अधिक से अधिक ट्यूशन दी जा सके और अधिक धन की प्राप्ति भी हो। बस, तभी से कोचिंग सेंटरों का चलन चल पड़ा।

हमारी प्राचीन शिक्षा प्रणाली में विद्यार्थियों को शिक्षण शुल्क नहीं देना पड़ता था, क्योंकि उस समय ऐसी धारणा थी कि ज्ञान को बिना कोई दाम लिए, मुक्तहस्त से मुफ्त बांटना चाहिए। शिक्षक अपना खर्चा दान में मिली राशि से चला लेते थे। यहां तक कि गुणी शिष्यों का पालन-पोषण भी करते थे। अध्यवसाय के साथ लगे ऐसे शिष्यों की सफलता निश्चित थी। शिष्यों को अनेक कठिन नियमों का पालन करना होता था। उसे गुरु के प्रति विनय, श्रद्धा, विश्वास और नम्रता का गुण अपनाना होता था। गुरु शिष्य से अपनी दक्षिणा प्राप्त करता था और शिष्य गुरु से ज्ञान। शिक्षा देते समय गुरु शिष्य से सच्ची सहानुभूति रखते थे। लेकिन अब समय बदल गया है। न तो गुरु के प्रति शिष्य में वह गुण दृष्टिगोचर होते हैं और न ही शिष्य के प्रति गुरुओं का वह लगाव रह गया है।

ट्यूशन से लाभ

ट्यूशन को गंभीरता से लेना चाहिए। बहुत आवश्यकता होने पर ही ट्यूशन लगाएं। इससे लाभों की ओर ध्यान दें–

- जो छात्र ट्यूशन लगाते हैं, वे नियमित रूप से अध्ययन करने जाते हैं और इस बहाने उनके ज्ञान में वृद्धि अवश्य होती है।
- छात्र के मन में यह धारणा होती है कि ट्यूशन के लिए हम फीस देते हैं। अत: हमें निडरता पूर्वक प्रत्येक विषय के बारे में सीखना ही चाहिए। प्रश्न पूछ-पूछकर वे अपनी शंकाओं का समाधान पा लेते हैं।
- ट्यूशन पढ़ने आए छात्र की व्यक्तिगत कमजोरियां पकड़ में आ जाती हैं, जिसे अध्यापक दूर कर देते हैं।
- विद्यार्थी के घर जाकर पढ़ाने वाले अध्यापक पर अभिभावक की पूरी नजरें लगी होती हैं। इसलिए वे पूरे समय और ध्यानपूर्वक पढ़ाते हैं, जिनका लाभ विद्यार्थी को मिलता है।
- ट्यूशन पढ़ाने वाला अध्यापक पूरे मनोयोग से पढ़ाता है, ताकि उसकी ख्याति बढ़े और हर वर्ष विद्यार्थियों की संख्या बढ़े।

ट्यूशन से हानियां

ट्यूशन पर छात्र की निर्भरता नहीं रहनी चाहिए, अन्यथा उसकी हर समय सहायता की आदत बन जाएगी। ट्यूशन से होने वाली हानियां इस प्रकार हैं :

- माता-पिता पर अतिरिक्त आर्थिक बोझ पड़ता है। खासकर मध्यम वर्ग के परिवार के लोगों को, जिनकी 3-4 संतानें हैं और सीमित आय है, उन्हें बहुत परेशानी उठानी पड़ती है।
- संपन्न परिवार के माता-पिता सोचते हैं कि उनका पुत्र ट्यूशन पढ़ने नियमित रूप से जा रहा है, होनहार बन रहा है। वे उसकी तरफ से निश्चिंत हो जाते हैं। उन्हें यह जानने की फुरसत नहीं होती कि पुत्र वास्तव में कोचिंग क्लास पहुंच भी रहा है या नहीं।
- कई छात्र ट्यूशन के लिए जाते हैं और वहां अपना होमवर्क निपटा कर लौट आते हैं। घर पर आकर ऐसे छात्र बिल्कुल नहीं पढ़ते।
- जिनके मां-बाप घर पर पढ़ाते हैं, उन्हें ट्यूशन की जरूरत नहीं होती। फिर भी अपनी हीनभावना दूर करने और समाज में अपनी इज्जत बरकरार रखने के लिए भी कुछ विद्यार्थी ट्यूशन जाते हैं। इससे वे अपना पैसा व्यर्थ बर्बाद करते हैं।

- ट्यूशन पढ़ने वाले छात्र स्कूल की पढ़ाई में ध्यान नहीं देते, क्योंकि स्कूल से थककर घर लौटते हैं और फिर ट्यूशन के लिए चले जाते हैं। थकान के कारण न तो स्कूल का काम कर पाते हैं और न ही ट्यूशन का।

ट्यूशन पर माता-पिता के विचार

माता-पिता या अभिभावकों का कहना है कि कक्षा अध्यापक जब उन्हें उनके बच्चे की तिमाही और छमाही रिपोर्ट बताते हैं, तो बच्चा कौन-कौन से विषय में कमजोर है, की जानकारी देकर हिदायत देते हैं कि छात्र के फेल होने की सारी जिम्मेदारी उनकी होगी और ट्यूशन लगाने का संकेत देते हैं। नतीजा आने पर पता चलता है कि छात्र प्रथम श्रेणी में उत्तीर्ण हो गया है। अत: ट्यूशन लगाना उन्हें अखरता नहीं है।

एक तो स्कूल की फीस ही इतनी अधिक होती है, दूसरे यदि छात्र फेल हो जाए तो काफी धन और एक साल का नुकसान होता है। अत: हर मां-बाप चाहते हैं कि भले ही ट्यूशन पर खर्च करना पड़े, लेकिन बच्चों के पास होने की गारंटी तो हो जाती है। छात्र के फेल होने पर मां-बाप की प्रतिष्ठा पर भी आंच आती है। इसलिए मां-बाप या अभिभावकों की नजर में छात्र को ट्यूशन पढ़ाने में कोई आपत्ति नहीं होती। कुछ माता-पिता का कहना है कि ट्यूशन पढ़ने के कारण उनका बच्चा अधिक व्यस्त रहता है, जिससे उसे व्यर्थ के कामों के लिए वक्त ही नहीं मिलता और वह कुसंगति से बच जाता है।

ट्यूशन पर छात्रों के विचार

छात्रों का मानना है कि ट्यूशन पढ़ने से पढ़ाई में नियमितता आती है, अध्ययन संबंधी कठिनाइयां दूर होती हैं, व्यक्तिगत कमजोरियां सुधर जाती हैं। आजकल स्कूल में न पढ़ाई होती है और न ही समय पर पूरा कोर्स समाप्त हो पाता है। कक्षाएं बराबर नहीं लगतीं। ऐसे में उन्हें अपने भविष्य की चिंता होना स्वाभाविक है। अत: ट्यूशन पढ़ना उनके विकास के लिए जरूरी होता है। हां, मां-बाप पर आर्थिक बोझ अवश्य बढ़ जाता है।

ट्यूशन पर अध्यापकों के विचार

अध्यापकों का कहना है कि आज जब हर कोई अपनी सेवाएं बेचकर बदले में धन कमा रहा है, तो हम छात्रों का ज्ञानवर्धन कर, शिक्षा देकर पैसे ले रहे हैं। अपना ज्ञान बांट रहे हैं, तो फिर लोग आपत्ति क्यों करते हैं? उनके विचार में ट्यूशन पढ़ने वाले विद्यार्थी ट्यूशन न पढ़ने वाले विद्यार्थियों के मुकाबले अधिक

मेधावी होते हैं और वे जीवन में अधिक सफल होते हैं। हां, इतना अवश्य है कि संपन्न घरों की बिगड़ी औलादों पर हमारे पढ़ाने का भी इतना फायदा नहीं होता, जितना कि आमतौर पर होना चाहिए। जिन अध्यापकों ने ट्यूशन को एक व्यावसायिक दृष्टिकोण से देखा है और दिन-रात इसी में लिप्त रहते हैं, बदले में छात्रों को उचित ट्यूशन भी नहीं देते, निश्चय ही ऐसे अध्यापक न केवल अपना भविष्य बिगाड़ रहे हैं, बल्कि छात्रों के भविष्य के साथ भी खिलवाड़ कर रहे हैं। ऐसे अध्यापकों की जितनी भी निंदा की जाए कम है।

कोचिंग सेंटर चलाने वालों के विचार

जब से प्रतियोगी परीक्षाओं का चलन बढ़ा है, तभी से कोचिंग सेंटरों का चलन धीरे-धीरे छोटे-छोटे शहरों तक फैल गया है। पहले बड़े-बड़े शहरों में गिनती के सेंटर होते थे। अब तो गली-गली में कोचिंग सेंटर खुल गए हैं। हर प्रतियोगी परीक्षा और हर क्लास की ट्यूशन की विशेष व्यवस्था आपको यहां पर मिलेगी। यहां पढ़ाने वाले अधिकांश अध्यापक दिन में स्कूल में पढ़ाते हैं। ज्यादातर कोचिंग सेंटरों में वर्ष भर का शुल्क पहले ही जमा करा लिया जाता है, ताकि आप बीच में छोड़ दें, तो उन्हें कोई नुकसान न हो। कई कोचिंग सेंटरों पर तो फीस के मामले में लूट ही मची होती है।

कोचिंग सेंटर वालों का कहना है कि लगातार बढ़ती जनसंख्या के कारण प्रतिस्पर्धा काफी बढ़ी है। यही कारण है कि किसी भी नौकरी को पाने के लिए कड़ी परीक्षाओं से गुजरना पड़ता है, अच्छी श्रेणी से परीक्षा पास करनी होती है। स्कूल से निकले विद्यार्थियों को प्रतियोगी परीक्षाओं की तैयारी करनी होती है, जो उन्हें विद्यालय में सिखाई नहीं जाती। अत: हमारे सेंटर बेहतर मार्गदर्शन देते हैं। हमारी कोशिश यही होती है कि अच्छे अध्यापकों की सेवाएं ली जाएं, ताकि अधिक से अधिक छात्रों का चयन हो और कोचिंग सेंटर का नाम हो।

निष्कर्षत: यह आपकी स्थिति पर निर्भर करता है कि आप ट्यूशन पढ़ें या नहीं। यदि वास्तव में आप किसी स्थिति में कमजोर हैं, तो अवश्य ही उसकी बेहतर तैयारी के लिए ट्यूशन लें। किंतु यदि आप स्वयं परिश्रमी और मेधावी हैं, तो परिश्रम करके अपनी पढ़ाई पूरी करें। व्यर्थ ट्यूशन के चक्कर में पड़कर अपना धन और समय नष्ट न करें।

❞❞

कुंजियां, गाइडें-पढ़ें या नहीं

आजकल रेडीमेड माल के जमाने में शिक्षा के क्षेत्र में भी कुंजियां, गाइडों और गेस पेपर्स के रूप में रेडीमेड माल तैयार मिलता है। जिन छात्रों का उद्देश्य किसी भी तरीके से परीक्षा उत्तीर्ण कर प्रमाण-पत्र, डिप्लोमा या डिग्री मात्र प्राप्त करना होता है, उनके लिए तो ये किताबें लाभप्रद साबित होती हैं। लेकिन जो छात्र परीक्षा की मेरिट लिस्ट में आने का उद्देश्य रखते हैं, उनका इन किताबों पर निर्भर रहना निश्चय ही उतना लाभप्रद नहीं है, जितना कि वे सोचते हैं।

आजकल बोर्ड की परीक्षाओं में बैठकर मात्र प्रमाण-पत्र, डिप्लोमा प्राप्त करने वाले छात्रों की कमी नहीं है। जिन छात्रों का उद्देश्य येन-केन प्रकारेण प्रमाण-पत्र हासिल करके नौकरी प्राप्त करना या बैंक से लोन प्राप्त कर अपना व्यवसाय करना भर होता है। इन्हें कुंजियां, गाइडें, गेस पेपर्स परीक्षा उत्तीर्ण करने का सुगम मार्ग (शार्ट कट) उलब्ध कराते हैं। लेकिन जो विद्यार्थी मेरिट लिस्ट में परीक्षा उत्तीर्ण करके उच्च शिक्षा प्राप्त करने के इच्छुक होते हैं, वे वर्ष भर पूरी निष्ठा और लगन के साथ परिश्रम करके परीक्षा देते हैं। उन्हें कुंजियां, गाइडें, गेस पेपर्स से लगाव नहीं होता। वे स्वयं द्वारा निर्मित किए नोट्स का अध्ययन करके परीक्षा में फर्स्ट क्लास लाते हैं।

कुंजियों की बढ़ती मांग का कारण

बाजार में गाइड्स, नोट्स और कुंजियों की मांग लगातार बढ़ती जा रही है। किताब-कापी की जिस दुकान पर भी खड़े हो जाइए, आपको अलग-अलग नामों से अलग-अलग प्रकार की कुंजियां और गाइडें मिल जाएंगी। इन कुंजियों और गाइडों पर छात्रों को लुभाने वाले अनेक वायदे लिखे जाते हैं। इनमें से अधिकांश वायदे परीक्षा में शत-प्रतिशत अंक पाने से संबद्ध होते हैं। परीक्षा

के दिनों में तो इनकी खरीद के लिए दुकानों पर छात्रों की लाइन लगी रहती है। इनकी बढ़ती मांग के कारणों पर यदि गंभीरता से विचार किया जाए, तो कई तथ्य सामने आते हैं।

हर समय हर विषय पर उपलब्ध

आजकल बाजार में पहली कक्षा से लेकर हायर सेकेंडरी तक की कक्षाओं के लिए हर विषय की कुंजियां, गाइडें उपलब्ध हैं। यूं तो ये वर्ष भर मिलती रहती हैं, लेकिन इनकी बिक्री स्कूल खुलने के तुरंत बाद और परीक्षाओं के कुछ माह पहले सबसे अधिक होती है। परीक्षाओं के दिनों में तो गेस पेपर्स की बिक्री रिकार्ड तोड़ होती है। कई बार तो इनकी मांग इतनी अधिक बढ़ जाती है कि मार्केट से ही गायब हो जाती हैं।

आसानी से उपलब्ध

आज तो स्थिति यह है कि अनेक कोर्सों की किताबें मार्केट में आसानी से नहीं मिलती हैं, लेकिन उसकी गाइडें, कुंजियां आसानी से उपलब्ध होती हैं। ऐसे में विद्यार्थी इन्हें ही खरीद कर अपना उद्देश्य पूरा कर लेते हैं। फलां विषय एक सरल अध्ययन, फलां विषय मेड ईजी, फलां विषय एट ए ग्लांस। क्या कुछ मौजूद नहीं है आजकल मार्केट में? जब विद्यार्थियों को एक ही नजर में पूरा विषय मिल जाए, तो पूरे वर्ष मोटे-मोटे ग्रंथों को पढ़ने की तकलीफ कौन उठाए।

लेखक और प्रकाशक अधिक लाभान्वित

वास्तव में देखा जाए तो कुंजियां, गाइडें दरअसल विद्यार्थी की सहायता करने के लिए नहीं, बल्कि प्रकाशक और लेखक धन कमाने के लिए छापते हैं। कुछ प्रकाशक तो अपनी कुंजियों और गाइडों की बिक्री बढ़ाने के लिए अध्यापकों को उनकी प्रतियां मुफ्त में बांटते हैं और अध्यापक अपने विद्यार्थियों को इन्हें खरीदने के लिए प्रेरित करते हैं। कुछ प्रोफेसर कुंजियां, गाइडें लिखने का ठेका लेकर अपने विद्यार्थियों से इन्हें तैयार करा लेते हैं। कुछ तो बिना लिखे ही अपने नाम से छापने की आज्ञा प्रदान कर प्रकाशकों से पैसा प्राप्त कर लेते हैं। कई वास्तविक लेखक तो जिस स्तर की गाइडें लिखते हैं, उनकी शिक्षा का स्तर उससे भी कम होता है। ऐसे लेखकों की गाइडों का स्तर कैसा होगा, आप स्वयं अंदाज लगा सकते हैं।

अध्यापक भी पीछे नहीं

कुछ अध्यापक बाजार में उपलब्ध विभिन्न प्रकाशकों के गेस पेपर्स खरीद कर सबके आधार पर सर्वाधिक महत्त्वपूर्ण संभावित प्रश्नों को चुनकर, उनके उत्तर तैयार करके अपने गेस पेपर्स की फोटो कापियां विद्यार्थियों को बाजार से कम मूल्य में देते हैं। जब परीक्षा में उनके द्वारा चयनित प्रश्नों में से प्रश्न आ जाते हैं, तो उन्हें अच्छी खासी वाहवाही मिल जाती है और भविष्य में विद्यार्थियों पर उनका सिक्का जम जाता है।

कितनी लाभदायक

अब प्रश्न यह उठता है कि क्या वास्तव में कुंजियां, गाइडें, गेस पेपर्स विद्यार्थियों के लिए लाभदायक हैं? उनका मार्गदर्शन करती हैं? दिमाग के बंद दरवाजे खोलती हैं? वाकई इनकी जरूरत है भी या नहीं? उत्तर जानने के लिए छात्रों और कुछ अध्यापकों से संपर्क किया, तो ज्ञात हुआ कि अधिकांश छात्रों और कुछ अध्यापकों ने इसे परीक्षा की तैयारी के लिए अधिक उपयोगी पाया है। उनका कहना है कि प्रत्येक कक्षा के हर विषय से संबंधित गाइडें सभी जगह आसानी से मिल जाती हैं। ये पाठ्य पुस्तकों की अपेक्षा बहुत ही कम दामों में मिल जाती हैं। इनकी भाषा पाठ्य पुस्तकों की तरह कठिन नहीं होती। विषय को अत्यंत सरल शब्दों में समझाया गया होता है। इनमें विषय का पाठ्यक्रम मिल जाता है। कम समय में तैयार प्रश्नोत्तर दोहराए जा सकते हैं। स्वयं के नोट्स बनाने में खर्च होने वाला समय बच जाता है। प्रश्न का उत्तर परीक्षा में कैसे और कितना बड़ा देना है, इसकी जानकारी मिल जाती है। परीक्षा में जिस ढंग से प्रश्न पूछे जाते हैं, उसी पैटर्न पर तैयार सामग्री मिल जाती है।

कितनी हानिकारक

इसके विपरीत लिस्ट में आने वाले छात्र और अधिकांश अध्यापक, जो इन्हें हानिकारक मानते हैं, उनका कहना है कि इन पुस्तकों से जहां प्रमाण-पत्र, डिप्लोमा, डिग्रीधारी युवकों के शैक्षणिक स्तर में भयानक गिरावट आ रही है, वहीं दूसरी ओर प्रतिभाशाली विद्यार्थियों के साथ न्याय नहीं हो पा रहा है। कई बार गेस पेपर्स के बल पर अयोग्य विद्यार्थी भी कम मेहनत करके अच्छी श्रेणी प्राप्त कर आगे बढ़ जाते हैं और उच्च पद पाकर सारी व्यवस्था को निकम्मा बना देते हैं। प्रगति की दौड़ में जो प्रतिभाशाली विद्यार्थी पिछड़ जाते हैं, वे अपनी कुंठा और निराशा से समाज के वातावरण को दूषित करने लग जाते हैं। इस प्रकार गेस पेपर्स की परंपरा न केवल विद्याथियों के लिए, बल्कि पूरे समाज के साथ छलपूर्ण व्यवहार है।

परिश्रम और सूझबूझ से अध्ययन कर नोट्स बनाने की प्रवृत्ति को कम करके विद्यार्थियों के दिमाग को पंगु बनाने में इन पुस्तकों का बड़ा हाथ होता है। इनकी सहायता से परीक्षा पास करना आसान जरूर है, लेकिन मेरिट लिस्ट में आना संभव नहीं। वास्तविक ज्ञान की प्राप्ति की उम्मीद इन पुस्तकों से करना व्यर्थ है। गेस पेपर्स के बल पर परीक्षा देने वालों के परिणाम अकसर खराब ही आते हैं। जो विद्यार्थी हिम्मत करके नकल करने की कोशिश करते हैं, ये पुस्तकें उन्हें काफी मदद पहुंचाती हैं। इनकी छपाई घटिया स्तर की होती है, जिससे इनमें अनेक अशुद्धियां होती हैं। उपयोग के बाद ये बेकार हो जाती हैं।

यद्यपि सरकार ने इस ओर ध्यान दिया है और प्रतियोगी परीक्षाओं में अब वस्तुनिष्ठ (Objective Type) प्रश्न ही अधिक पूछे जाते हैं। इन प्रश्नों को विस्तृत ज्ञान के बिना हल करना संभव नहीं होता, अत: इनसे परिश्रमी विद्यार्थियों को लाभ मिलता है। फिर भी इसमें कोई संदेह नहीं कि जब तक हमारी वर्तमान शिक्षा प्रणाली में आमूल परिवर्तन नहीं होगा, तब तक मात्र प्रमाण-पत्र, डिप्लोमा या डिग्री प्राप्त करने के उद्देश्य से परीक्षा उत्तीर्ण करने वाले विद्यार्थी वर्ग में गाइड की मांग बढ़ती रहेगी। अत: मेरिट लिस्ट में स्थान प्राप्त करने के इच्छुक मेधावी विद्यार्थियों को पाठ्य पुस्तकों के अलावा कुंजियों, गाइडों, गेस पेपर्स के चक्कर में पड़कर अपना कीमती समय व्यर्थ नहीं गंवाना चाहिए। उन्हें कठिन परिश्रम से अपने नोट्स बनाने चाहिए और परीक्षा में पूरी तैयारी के साथ बैठना चाहिए।

❏❏

मेरिट में स्थान पाने के उपाय

> हम ज्यों-ज्यों जीवन में प्रगति करते जाते हैं, त्यों-त्यों हमें अपनी योग्यताओं की सीमा का ज्ञान होता जाता है।
> —फ्राउद
>
> दूसरे व्यक्ति हमारी योग्यता की परख, जो कुछ हम कह चुके हैं, उसके आधार पर करते हैं, जबकि हम अपनी परख उससे करते हैं, जो कुछ करने की हममें सामर्थ्य है।
> —लांगफेलो
>
> योग्य व्यक्ति के सान्निध्य में सदैव योग्य व्यक्तियों का वास होता है।
> —चीनी लोकोक्ति

याद रखें कि मेरिट लिस्ट में स्थान पाना केवल आपके ही हाथ में है। यह न सोचें कि भाग्य में लिखा होगा तो मेरिट में आ जाएंगे। इस धारणा में कोई दम नहीं है। प्रयास करने से ही हिलेरी और तेनसिंह हिमालय के सर्वोच्च शिखर पर चढ़ने में सफल हुए थे। आप भी प्रयत्न करके मेरिट लिस्ट में सफलता पा सकते हैं। बस, जरूरत इस बात की है कि आपको अपनी क्षमताओं पर अटूट विश्वास हो। आप अपना उद्देश्य, ध्येय, लक्ष्य स्पष्ट रूप से निर्धारित करें, फिर उत्साह से उसे पाने के लिए जी-जान से जुट जाएं। सफलता अवश्य ही आपके कदम चूमेगी। ऐसा दृढ़ विश्वास रखें।

अपनी मेरिट में आने की तीव्र आकांक्षा की पूर्ति पूरे आत्मविश्वास, उत्साह, दृढ़ इच्छा-शक्ति और योजनाबद्ध तरीकों से, अथक परिश्रम करके आज से ही शुरू कर दें। आगे बताई गई बातों की ओर विशेष ध्यान देकर आप निश्चित ही अपना लक्ष्य पा लेंगे, इसमें संदेह नहीं।

घर पर समय का सदुपयोग

आपके घर और विद्यालय दो ही स्थान ऐसे हैं, जहां आपका अधिकांश समय बीतता है। अपने अमूल्य समय का लेखा-जोखा रखकर आप उसका सर्वोत्तम उपयोग कर सकते हैं। सामान्यतया पढ़ाई करने और विद्यालय की गतिविधियों में प्रतिदिन लगभग 8 घंटे निकल जाते हैं। नींद लेने में 8 घंटे निकाल देने के बाद दैनिक, नित्य कार्यों के लिए 4 घंटे उपयोग में आते हैं। शेष 4 घंटे का समय आप घर पर अध्ययन करने के लिए बचा पाते हैं। इनका विभाजन ऐसे करें कि प्रत्येक विषय को बराबर समय नियमित रूप से मिले। आपका दैनिक और नियमित अध्ययन योजनाबद्ध तरीके से पूर्ण होना ही चाहिए। इसमें आलस्य न करें। पुस्तकें पढ़ने में गहन अभिरुचि लें। समय सारणी बनाकर अध्ययन करना श्रेष्ठ विधि है। आप जितना अधिक समय अध्ययन के लिए निकाल सकते हैं, निकालें। समय को व्यर्थ के कार्यों में यूं ही नष्ट न करें। जितना भी अध्ययन करें, एकाग्रचित्त होकर करें।

कक्षा में समय का सदुपयोग

समय का सदुपयोग करने के लिए आप कक्षा में पढ़ाए जाने वाले प्रत्येक विषय के पाठ को पहले घर से पढ़कर जाएं। इससे अध्यापक जो कुछ भी पढ़ाएगा, वह आपको अच्छी तरह समझ में आ जाएगा, क्योंकि उसके बारे में आपको पहले से ही जानकारी है, अन्यथा आपकी समझ में कुछ नहीं आएगा। जो चीज समझ में न आए या कोई शंका आपके मन में उठती है, तो उसे नि:संकोच होकर अपने अध्यापक से अवश्य पूछ लें। यदि आप शर्म महसूस करेंगे, तो इसमें आपका ही नुकसान होगा, अध्यापक का नहीं, क्योंकि जब तक मन में उठने वाली शंकाओं का समाधान नहीं हो जाता, तब तक आपका ज्ञान अधूरा ही रहेगा।

जो कुछ कक्षा में अध्यापक पढ़ा रहे हों, उसे पूरे मनोयोग से ध्यान देकर सुनें। ध्यान अध्यापक की ओर ही रखें, अन्यत्र की गतिविधियों में न भटकाएं। बोर्ड पर जो लिखा जाए, उसे समझ कर नोट बुक में लिख लें। आखिरी पंक्ति में बैठने से बचें। आगे की सीट पर बैठने से सुनाई भी देगा और एकाग्रचित्तता से अधिक समझ में आएगा। फिर घर जाकर पढ़ाए गए विषयों के पाठों के नोट्स अपनी कापियों में बना लें। सुबह जल्दी उठकर इन नोट्स को याद कर लें। फिर अगले दिन की कक्षा में जाने से पहले कक्षा में पढ़ाए जाने वाले विषयों के पाठों को एक बार पढ़कर अवश्य जाएं।

आठ अवगुणों से दूर रहें

आचार्य चाणक्य ने अपनी नीति के अध्याय 11 श्लोक 10 में कहा है कि विद्यार्थी को चाहिए कि वह काम, क्रोध, लोभ, स्वाद, शृंगार, खेल तमाशे, अधिक सोना और अति सेवा यानी दूसरों के कार्य करना—इन आठ बातों का सदा त्याग करे। जो विद्यार्थी इन आठ बातों के चक्कर में उलझा रहेगा वह न तो पूरी तरह विद्या का अभ्यास कर पाएगा और न शरीर को ही बलवान बना पाएगा।

पशुओं से 20 गुण सीखें

चाणक्य नीति में पशु-पक्षियों से कुल बीस गुण सीखने की सलाह दी गई है। शेर और बगुले से एक-एक, गधे से तीन, मुर्गे से चार, कौए से पांच और कुत्ते से छह सद्गुण सीखना चाहिए। शेर से स्वावलम्बी होने, बगुले से एकाग्रचित्त और स्थिर होकर धैर्यपूर्वक कार्य करना और गधे से काम करने में सदैव तत्पर रहना, हर मौसम में सम रहते हुए सदा मस्त रहना, मुर्गे से सूर्योदय के पूर्व उठना, शत्रु का डटकर मुकाबला, मिल-बांटकर खाना और कूड़े-कचरे से भी अपना लक्ष्य (भक्ष्य) खोज लेना, कौए से एकांत में छिपकर भोग करना, धैर्यवान होना, सदा सतर्क रहना, किसी का विश्वास न करना और दूर से अपना लक्ष्य पहचान कर तुरंत झपट पड़ना, कुत्ते से संतोषी होना, नींद में जरा सा खटका होते ही तुरंत जाग जाना, स्वामी भक्त होना, गंध सूंघकर कभी नहीं भूलना, समय पड़ने पर बहादुरी दिखाना और फकीर की तरह मस्त रहना सीखना चाहिए।

लिखने का अभ्यास करें, गति बढ़ाएं

मेरिट में आने के लिए आपके लिखने की गति तेज होना आवश्यक है और तेज गति से प्रश्नों के उत्तर लिखने के लिए निरंतर अभ्यास करना जरूरी होता है। यदि आप कक्षा में और घर में नोट्स बनाते समय अपने लिखने की गति तेज रखेंगे, तो आपको बहुत लाभ मिलेगा। बार-बार लिखने का अभ्यास करते रहने से लेखन की अशुद्धियां भी दूर होती जाएंगी। लिख-लिखकर पाठ याद करने से वह अच्छी तरह याद हो जाएगा और आपमें आत्मविश्वास बढ़ने से परीक्षा में लिखने का भय दूर होगा। आपको परीक्षा में लगातार 3 घंटे तक लिखना ही होता है। अत: लिखने से जी न चुराएं। लिखने की तेज गति बढ़ाकर ही आप परीक्षा में सारे प्रश्नों के उत्तर अच्छी तरह लिख सकेंगे। जिन छात्रों की लिखने की गति तेज नहीं होती, वे सब कुछ आते हुए भी परीक्षा में समयाभाव के कारण प्रश्नों के पूरे उत्तर नहीं लिख पाते हैं और मेरिट में आने से वंचित

हो जाते हैं। आज से ही रोजाना तेज गति से लिखने का अभ्यास शुरू कर दें। अभ्यास से आपमें निपुणता आ जाएगी।

अनसाल्व्ड पेपर्स हल करें

जिस कक्षा में आप अध्ययन कर रहे हों, उसके गत 4-5 वर्षों के अनसाल्व्ड पेपर्स प्राप्त कर उन्हें घर पर अच्छी तरह से हल करके देख लें। इससे आपको ज्ञात हो जाएगा कि परीक्षा में कैसे प्रश्न अकसर पूछे जाते हैं और उनके उत्तर किस प्रकार से सबसे अच्छे तरीके से दिए जाने चाहिए ताकि अधिक से अधिक अंकों की प्राप्ति हो सके। इन्हें हल करने से आपको अपने ज्ञान की परीक्षा करने का भी मौका मिल जाएगा और कठिन प्रश्नों के उत्तर अध्यापक से पूछने का अवसर भी मिल जाएगा।

सुलेख लिखें

परीक्षा में प्रश्न का उत्तर देते समय अपने लेख का विशेष ध्यान रखें। अच्छी लिखावट परीक्षक का ध्यान स्वयं ही खींच लेती है और उन्हें आपको अच्छे अंक देने पर बाध्य कर देती है। किंतु यदि आपकी लिखावट गंदी है और वह परीक्षक की समझ में नहीं आती है तो भले ही आपने उत्तर विद्वतापूर्ण लिखा हो, लेकिन परीक्षक उस पर अच्छे अंक नहीं दे पाएगा। अत: सुलेख के अभाव में आपका ज्ञान, आपका परिश्रम व्यर्थ हो सकता है।

भली प्रकार याद प्रश्न को पहले करें

प्रश्न पत्र को पहले भली प्रकार पढ़ें और यह निश्चित करें कि सबसे अधिक प्रभावी ढंग से आप कौन से प्रश्न का उत्तर दे सकते हैं। सबसे पहले उसी प्रश्न को हल करें। इससे कापी खोलते ही परीक्षक की दृष्टि में आपकी योग्यता की छाप पड़ जाएगी और यदि आगे कोई प्रश्न हलका भी होगा, तो उसमें भी अधिक अंक मिलने की संभावना बढ़ जाएगी।

समय का विशेष ध्यान रखें

परीक्षा देते समय, समय का विशेष ध्यान रखें। बहुत से विद्यार्थी पहले एक घंटे में एक प्रश्न हल कर पाते हैं। यदि पांच प्रश्न पूछे गए हैं, तो शेष चार प्रश्नों के लिए पहले प्रश्न की अपेक्षा आधा समय ही मिलेगा। अत: परीक्षा में इस बात का विशेष ध्यान रखें।

समझ कर मनोयोग से याद करें

पाठ को पहले अच्छी तरह से समझ लिया जाए, तो वह आसानी से लंबे समय तक याद रहता है। बार-बार दोहराने से वह और भी अच्छी तरह याद हो जाता है और परीक्षा में उसे आप आसानी से लिख सकते हैं। मनोयोग से पाठों को याद करने में समय कम लगता है, जबकि बेमन से और बिना एकाग्रता से किया गया अध्ययन अथवा याद करने का कार्य संतोषप्रद नहीं होता।

परीक्षा का आत्मविश्वास से सामना करें

परीक्षा से गुजरे बिना आप अपने लक्ष्य में सफलता नहीं पा सकते। अत: इससे घबराने की जरूरत नहीं है। पूरे आत्मविश्वास से परीक्षा दें। यदि आपने अपना अध्ययन कड़ी मेहनत से किया है, तो कोई कारण नहीं कि आपको अपने लक्ष्य में सफलता न मिले। आत्मविश्वास आपकी आंतरिक शक्ति का बल दोगुना कर देता है और इसके बल पर असंभव लगने वाला कार्य भी संभव हो जाता है। इसलिए आत्मविश्वास रखें, इच्छा-शक्ति को दृढ़ रखें।

उत्तर में विद्वानों के उद्धरण दें

परीक्षा में उत्तर देते समय यथास्थान महापुरुषों, विद्वानों के उद्धरण, किस्सों का भी संदर्भ और उल्लेख करते रहेंगे, तो उत्तर अधिक प्रभावी हो जाएगा और परीक्षक प्रभावित हुए बिना न रहेगा। इससे आपको अधिक अच्छे अंकों की प्राप्ति होगी। महत्त्वपूर्ण बातों को रेखांकित करने से भी उसका अच्छा प्रभाव पड़ता है। ऐसा करने से परीक्षक की दृष्टि प्रमुख बातों पर सरलता से पड़ जाती है और आपकी योग्यता के आकलन में परीक्षक को सुविधा रहती है। इसके साथ ही हेडिंग्स को काली स्याही से या मोटे अक्षरों में लिखकर भी आप परीक्षक का ध्यान खींच सकते हैं।

रफ कार्य को काट दें

यदि आपने परीक्षा की कापी में रफ कार्य किया है, तो उसे काट दें। अन्यथा परीक्षक भूल से उसे पढ़कर आपकी योग्यता का गलत आकलन कर सकते हैं और आपको कम अंक मिल सकते हैं।

❏❏

खंड दो
स्मरण शक्ति बढ़ाएं

याददाश्त बढ़ाना आपके वश में है

> जो विद्या पुस्तक में रखी हो, मस्तिष्क में संचित न की गई हो और जो धन दूसरों के हाथ में चला गया हो, आवश्यकता पड़ने पर न वह विद्या ही काम आ सकती है और न वह धन ही।
> *—हितोपदेश*
>
> याददाश्त की शक्ति से ही व्यक्ति अधिक विचारशील समझा जाता है और उसकी बुद्धि अधिक विकसित होती है। अच्छे व्यक्तित्व के लिए अच्छी याददाश्त का होना जरूरी है। भुलक्कड़ लोग महत्त्वपूर्ण ज्ञान संचय से वंचित होकर दैनिक जीवन में नुकसान उठाते हैं।
> *—हितोपदेश*

मेरिट में आने के लिए स्मरण शक्ति का अच्छा होना बहुत जरूरी है। आजकल परीक्षा का स्वरूप भी बदल गया है। परीक्षा में वस्तुनिष्ठ प्रश्नों का चलन बढ़ गया है। एक बड़े प्रश्न के स्थान पर 10 छोटे प्रश्नों का उत्तर लिखने के लिए अधिक तेज स्मरण शक्ति का होना आवश्यक है। परीक्षा के कोर्स में भी लगातार बढ़ोतरी होती जा रही है। अत: अनेक विषयों को पढ़ना और उन्हें भली प्रकार याद रख पाना एक कठिन कार्य है। ऐसी स्थिति में आपकी स्मरण शक्ति जितनी तीव्र होगी परीक्षा में प्रश्नों को हल करने में आपको उतनी ही अधिक सफलता मिलेगी।

परीक्षा के अलावा जीवन में भी तीव्र स्मरण शक्ति की बड़ी आवश्यकता है। जितने भी महान व्यक्ति हुए हैं, उनमें तीव्र स्मरण शक्ति और तत्काल निर्णय लेने की क्षमता के विशेष गुण अवश्य रहे हैं।

बहुत से छात्रों को अपनी स्मरण शक्ति के कम होने का भ्रम बना रहता है और अधिकांश छात्र तो इसे एक कमजोरी या अवगुण मानकर अपने आपको

वास्तव में हीन भावना से भर लेते हैं तथा स्मरण शक्ति बढ़ाने के लिए तरह-तरह की दवाएं लेते हैं।

चरक संहिता में बताया गया है:-

वक्ष्यन्ते कारणान्यष्टौ स्मृतियैरूपजायते।
निमित्तरूप ग्रहणात् सादृश्यात् सविपर्ययात्॥
सत्वानुबन्धादभ्यासाज्ज्ञानयोगात् पुनः श्रुतात्।
दृष्टश्रुतानुभूतानां स्मरणात् स्मृतिरुच्यते॥

-1-148/149

स्मृति का ज्ञान होने के आठ कारण होते हैं-निमित्त से, रूप ग्रहण से, विपरीत वस्तु देखने से, स्मरण योग्य विषय में मन लगाने से, अभ्यास से, ज्ञान योग से और सुने हुए विषयों को पुनः सुनने से। देखे हुए, सुने हुए और अनुभव में आए हुए ज्ञान (जानकारियों) को याद करना स्मृति (याददाश्त) कहा जाता है। इन आठ कारणों पर विचार और अमल करते हुए ही औषधि का सेवन करें, अन्यथा उससे इच्छित लाभ नहीं मिलेगा।

स्मरण शक्ति के बारे में मनोवैज्ञानिकों की राय है कि औसत दृष्टि से अधिकांश छात्रों की स्मरण शक्ति एक जैसी होती है। बहुत कम छात्र मंदबुद्धि तथा बहुत कम छात्र ही प्रखर बुद्धि के होते हैं। चिकित्सकों की राय में अधैर्य, चिंता और कार्य का अधिक बोझ तथा ऊब हमारी स्मरण शक्ति को प्रभावित करने वाले प्रमुख कारक होते हैं। हम केवल उन्हीं बातों को भूलते हैं, जिन्हें हम भूलना चाहते हैं। जिन बातों की ओर हमारी विशेष रुचि होती है, उन्हें हम प्रायः नहीं भूलते। सभी व्यक्तियों को अपने बचपन के प्रभावी प्रसंग याद रहते हैं। अतः स्मरण शक्ति एक अर्जित गुण है, जिसका कम या तेज कर लेना हमारे ऊपर बहुत कुछ निर्भर करता है। वैज्ञानिकों का मानना है कि स्मरण शक्ति का हमारी रुचि के साथ गहरा संबंध है।

यदि कोई विद्यार्थी तीव्र स्मरण शक्ति का प्रदर्शन करता है, तो यह उसकी रुचि, एकाग्रता और मनोयोग का प्रतिफल है और किसी विद्यार्थी का पढ़ाई में फिसड्डी साबित होना यह दर्शाता है कि उसकी पढ़ाई में रुचि बिल्कुल नहीं है। अच्छी याददाश्त से ही विद्यार्थी अधिक विचारशील और बुद्धिमान समझा जाता है। अच्छे व्यक्तित्व के लिए अच्छी याददाश्त का होना जरूरी है।

भुलक्कड़ विद्यार्थी जहां महत्त्वपूर्ण ज्ञान संचय से वंचित रहते हैं, वहीं दैनिक जीवन में आवश्यक कामकाज को भूल जाते हैं और समय-समय पर नुकसान उठाते हैं।

पुनरावृत्ति का असर

वैसे आपका मस्तिष्क अनगिनत स्मृतियों को संजोकर रखने में सक्षम होता है। जिस प्रकार एक टेप रिकार्डर ध्वनियों को ग्रहण करके उसकी पुनरावृत्ति पुन: प्रसारित कर देता है, ठीक वैसे ही मस्तिष्क भी स्मृतियों को ग्रहण करके उसकी पुनरावृत्ति कर देता है। लेकिन टेप रिकार्डर के विपरीत हमारे मस्तिष्क में स्मृतियों को स्वीकारने और नकारने की प्रक्रिया दुहराती रहती है, जिसके कारण मानस पटल पर स्मृतियां अच्छी तरह अंकित हो जाती हैं। बुजुर्गों को वर्षों पुरानी घटनाएं अभी तक अच्छी तरह याद होने का कारण उसकी बार-बार पुनरावृत्ति ही होती है।

भूलना जरूरी है

कहा गया है कि विवेकपूर्ण भूलना ही उत्तम स्मृति है। मतलब यह है कि मस्तिष्क से अनावश्यक, अनुपयोगी, दूषित विचारों व तथ्यों का समय-समय पर भूलना जरूरी है। ऐसा करने से अच्छी याददाश्त को बनाए रखा जा सकता है। यदि आप हर प्रकार की बातें याद रखने लगें तो एक ऐसी अवस्था आ सकती है, जब आपके लिए कुछ भी याद रख पाना संभव न होगा। देखा जाए तो याददाश्त की तरह भूलने की आदत को भी प्रकृति ने एक वरदान के रूप में ही बनाया है। द्वेष, दुर्भाव, शोक, संताप की कटु स्मृतियां धुंधली होते-होते हम भूल जाते हैं। क्रोध, हानि, वियोग में मन को जितनी चोट पहुंचती है, यदि उसे याद रखा जाए, तो जीवन बहुत कठिन हो जाए। अत: भूलना हमारे लिए सुरक्षा कवच का कार्य करता है।

भूलने के कारण

परीक्षा के दिनों में या सामान्य अवसरों पर बहुत से विद्यार्थियों की यह शिकायत होती है कि उन्हें याद की हुई बातें अधिक समय तक याद नहीं रहतीं। ऐसा क्यों होता है? मनोवैज्ञानिकों ने भूलने के निम्नलिखित तीन प्रमुख कारण बताए हैं :

(1) प्रसंगों में अरुचि और उपेक्षा का भाव रखना, उसका महत्त्व स्वीकार न करना।
(2) किसी बात को याद रखने की पूर्ण इच्छा का न होना।
(3) विषय को पूरे मनोयोग पूर्वक समझने का प्रयत्न न करना।

इस प्रकार हम देखते हैं कि रुचि और एकाग्रता का भूलने के कारणों से गहरा संबंध है। इसके साथ ही याददाश्त की शक्ति कमजोर होने के अनेक मानसिक और शारीरिक कारण भी हो सकते हैं। जैसे–बराबर चिंतित रहना, भविष्य के प्रति शंकालु दृष्टिकोण, निकटतम व्यक्ति की मृत्यु का सदमा, भयानक या लज्जाजनक घटना, बार-बार असफल होना, मस्तिष्क का अविकसित होना, मस्तिष्क की जन्मजात विकृति, पोषण में कमी, मस्तिष्क का दुर्घटना से क्षतिग्रस्त होना, अरुचिकर विषय पढ़ना, शारीरिक अस्वस्थता, क्रोध, भय, चिंता के संवेग, क्षमता से अधिक कार्य करना, अधिक रक्तस्राव, लंबी बीमारी से पीड़ित होना, अधिक सहवास, अनिद्रा समुचित आहार न लेना, कमजोरी आदि-आदि।

कैसे बचें भूलने की आदत से

आपने अनेक विद्यार्थियों को अपने भूलने की आदत के कारण परेशान होते तथा अपनी याददाश्त को कोसते देखा होगा। इनकी शिकायत रहती है कि इन्हें तथ्य शीघ्र याद नहीं होते। यदि याद हो भी जाए, तो ये उन्हें बहुत जल्द भूल जाते हैं। वैसे तो यह बात बड़ी सामान्य लगती है, लेकिन यदि गहराई से देखा जाए तो इस प्रकार की बातों से छात्रों में हीनता की भावना पनपती है और आत्मविश्वास में कमी आती है। आत्मविश्वास की यह कमी भूलने के अवगुण को और अधिक बढ़ाती है। धीरे-धीरे यह एक आदत बन जाती है और फिर इस आदत के कारण मस्तिष्क की कार्यक्षमता में कमी आ जाती है। इसमें कोई दो मत नहीं कि याद करना मस्तिष्क का स्वभाव है, लेकिन उसके भी कुछ नियम होते हैं, बिना समझे-बूझे गलत ढंग से याद करने पर न केवल अधिक समय बर्बाद होता है, बल्कि याद की हुई पाठ्य-सामग्री स्थायी नहीं हो पाती है। यहां कुछ ऐसी ही सामान्य बातें बताई जा रही हैं, जिनको अपनाकर आप अपनी याददाश्त को बढ़ाने में मदद ले सकते हैं–

अपने लक्ष्य का स्मरण

परीक्षा की मेरिट लिस्ट में आने जैसा उद्देश्य सामने रखकर पढ़ते समय अपने मन में यह दृढ़ विचार कर लें कि फलां-फलां पाठ मुझे याद करना है। अपना यह लक्ष्य अपनी हर दैनिक क्रिया के दौरान दोहराते रहें और उसी पर ध्यान केंद्रित करते रहें। इसका परिणाम यह होगा कि आपके मन में पाठ के प्रति रुचि जग जाएगी और जब आप पढ़ेंगे, तो वह पाठ अच्छी तरह याद हो जाएगा।

गहन रुचि लें

मनोवैज्ञानिकों का कहना है कि जिस काम को आप मन लगाकर करेंगे, वह कठिन होते हुए भी आपके लिए सरल हो जाएगा और उसमें सफलता मिलेगी।

जो विद्यार्थी अपनी पढ़ाई से प्रेम करते हैं, जिस पाठ्य सामग्री को याद रखना चाहते हैं, उसमें गहन रुचि लेते हैं और तथ्यों को समझ कर याद करते हैं, तो वह पाठ्य सामग्री अधिक समय तक याद रहती है। इसके विपरीत जिन विद्यार्थियों को अपनी पढ़ाई से लगाव नहीं होता, उसमें कोई रुचि नहीं होती और पढ़ाई को भार समझते हैं, वे जो कुछ भी पढ़ते हैं, शीघ्र ही भूल जाते हैं।

मानसिक शांति का प्रभाव

घबराहट, परेशानी, मानसिक तनाव और भयभीत अवस्था में याददाश्त कमजोर पड़ जाती है। आपका मन जितना शांत, स्थिर और प्रसन्न होगा, आपकी याददाश्त उतनी ही ज्यादा अच्छी रहेगी। मन को एकाग्र कर पढ़ने और समझने से पाठ जल्दी याद होता है। अतः व्यर्थ की चिंताओं, परेशानियों को दूर कर अध्ययन, मनन और फिर याद करें। अपने दिनभर के महत्त्वपूर्ण कार्यों को डायरी में नोट करते रहें। इससे आप कार्य भूलने की चिंता से निश्‍िंचत होकर दिमागी तौर पर अपने आपको स्फूर्तिवान महसूस करेंगे।

पूर्ण विश्वास रखें

जितना अधिक आप अपने मस्तिष्क की क्षमताओं पर विश्वास करेंगे, आप सफलता की ओर बढ़ते जाएंगे। अपनी याददाश्त की शक्ति पर पूर्ण विश्वास करने से उसकी क्षमता कई गुना बढ़ जाती है। सकारात्मक विश्वास आपके मस्तिष्क को पोषित कर सफलता दिलाता है। मन में यह विश्वास रखें कि आपकी याददाश्त की शक्ति अद्वितीय है और संसार के महानतम व्यक्तियों के समान ही श्रेष्ठ है। फिर देखिए, आपको पढ़ी हुई पाठ्य सामग्री कितनी जल्दी याद होती है।

पहले समझें

किसी भी पाठ्य सामग्री को याद करने से पहले अच्छी तरह समझ लें। विषय को समझ कर याद करने की क्रिया ज्यादा प्रभावी होती है, इसका ध्यान रखें। ऐसी याद की गई पाठ्य सामग्री लंबे समय तक आसानी से याद रहती है। जबकि बिना समझे-बूझे, बस तोते की तरह पाठ रटने से वह शीघ्र ही याददाश्त से गायब हो जाती है और उस पर आपका किया गया सारा परिश्रम व समय नष्ट हो जाता है।

गहन चिंतन करें

जिन तथ्यों को आपने पढ़ा है, उन पर गहन चिंतन और मनन करें। जब विषय आपके मन में पूरी तरह स्पष्ट हो जाए, तभी उसे ग्रहण करें। ऐसा करने से विषय की गहरी छाप आपके मन पर पड़ेगी। मनोवैज्ञानिक मानते हैं कि किसी पाठ की कितनी गहरी छाप आपके मन पर पड़ती है, वह उतने ही अधिक समय तक याद रखता है। अकसर विद्यार्थी पढ़ने के साथ चिंतन नहीं करते हैं और पाठों की गहरी छाप जब तक मन पर पड़े, उससे पहले ही विषय को पढ़ना छोड़ देते हैं। किसी घटना का निरीक्षण करने के बाद जब आप उस पर गंभीरता से चिंतन करते हैं, तो उसकी गहरी छाप मन पर पड़ती है। यही कारण है कि वर्षों बाद भी आप उस घटना को याद कर पुन: बता देते हैं। गहरी छाप पड़ने के बाद उस अंश को मस्तिष्क में सुरक्षित रखने के लिए पढ़ी गई सामग्री को दोहराना जरूरी होता है। सुरक्षित ज्ञान की उपयोगिता तभी है, जब हमें उसकी आवश्यकता पड़े तो उसे मन में फिर से साकार किया जा सके।

दोहराना/पुनरावृत्ति

पाठ को समझकर जब याद कर लें, तो उसे स्थायी तौर पर याद रखने के लिए उसका दोहराना बहुत जरूरी होता है। बार-बार पढ़कर याद करना हमारी यूं भी आदत सी बन गई है। जितनी बार आप कोई पाठ दोहराते हैं, उसकी उतनी ही गहरी छाप दिमाग पर अंकित होती जाती है। आपने देखा होगा कि जिस कच्चे मार्ग पर बहुत से लोग आते-जाते रहते हैं, वहां पर पगडंडी का निर्माण अपने आप हो जाता है। ठीक उसी प्रकार एक मार्ग से संवेदन की धारा बराबर हमारे मस्तिष्क को मिलती रहे, तो वहां हमारा निशान बन जाता है। जब कोई कविता याद करनी हो, तो थोड़े-थोड़े समय के अंतर से, कम से कम 3-4 बार दोहराएं। कविता आसानी से याद हो जाएगी। यह प्रक्रिया जितनी बार दोहराई जाएगी, कविता उतनी ही अधिक स्थिरता से याद रहेगी।

एकाग्रता का ध्यान रखें

यदि आप मन को पूरी तरह एकाग्र करके अपना पाठ पढ़ेंगे और याद करेंगे, तो वह एक तो अच्छी तरह से आपकी समझ में आ जाएगा और दूसरे लंबे समय तक आपको याद बना रहेगा। यदि आप पूरी एकाग्रता से पाठ भी नहीं पढ़ते हैं, तो वह कभी भी ढंग से आपको याद नहीं होगा। आप चाहते हैं कि एकाग्रता का आपको पूरा लाभ मिले तो एक समय में एक ही पाठ पर पूरे मनोयोग से एकाग्र होकर याद करें। मन को अन्यत्र भटकने न दें। अन्यथा

आपकी शक्ति व्यर्थ ही चली जाएगी और इच्छित लाभ भी नहीं होगा। अतः अपनी याददाश्त को बढ़ाने के लिए आपको चाहिए कि विषय सामग्री को पूरी एकाग्रता और रुचि के साथ विस्तार से पढ़ें। उस पर चिंतन-मनन करें और पूरी तरह स्पष्ट होने के बाद उसे ग्रहण करें। इसके बाद आप याद की गई सामग्री को समय-समय पर दोहराते रहें। इससे आपको पाठ्य सामग्री भली प्रकार याद हो जाएगी। आपको चाहिए कि अपनी स्मरण शक्ति पर पूरा भरोसा रखें। अपने अंदर आत्मविश्वास पैदा करें तथा किसी भी हालत से घबराएं नहीं। इन बातों को ध्यान में रखने से आप विषय को जल्दी समझ लेंगे, वह आपको भली प्रकार याद भी हो जाएगा और आप उसे भूलेंगे भी नहीं।

याददाश्त बढ़ाने की विभिन्न तकनीकें

> *विस्मृत वस्तुओं की स्मृति ही ज्ञान है।*
> — *प्लेटो*
>
> *अध्ययन हमें आनंद प्रदान करता है, अलंकृत करता है और योग्यता प्रदान करता है।*
> — *फ्रांसिस बेकन*
>
> *मानव का सच्चा जीवन साथी विद्या ही है, जिसके कारण वह विद्वान कहलाता है।*
> — *स्वामी विवेकानंद*

जब आप परीक्षा की मेरिट लिस्ट में आने का लक्ष्य रखते हैं, तो आपको पाठ याद करने की सामान्य विधियों के अलावा याददाश्त बढ़ाने की विशेष तकनीक और तरीकों को भी अपनाना होगा। तभी आप इच्छित सफलता पा सकेंगे। ये तकनीकें याददाश्त बढ़ाने में आपको विशेष सहायता पहुंचाएंगी, जिससे आप परीक्षा में अपनी श्रेष्ठता सिद्ध कर सकते हैं। बस, जरूरत इस बात की है कि इन्हें आप पूरे मनोयोग से सीखकर आत्मसात कर लें और निरंतर इनका अभ्यास करते रहें। ध्यान रखें, अभ्यास ही आपको परिपूर्ण बनाएगा। पुस्तकीय ज्ञान की अपेक्षा व्यवहार द्वारा सीखा हुआ ज्ञान अधिक समय तक याद रहता है और यही ज्ञान परीक्षा में आपकी भरपूर मदद करता है।

बातचीत के जरिए याददाश्त बढ़ाएं

कई बार ऐसा होता है कि आप कोई पाठ, चुटकुला या कहानी पढ़ते हैं, तो वह आपको काफी दिलचस्प लगती है और लगता है कि इसे कंठस्थ करना चाहिए ताकि औरों को भी सुनाकर उन पर अपना प्रभाव डाल सकें। इसी प्रकार अपने जीवन की मधुर, कटु स्मृतियां या तथ्यों को भी यदि आप याद रखना

चाहते हों, तो उसके संबंध में अपने मित्रों, सहपाठियों से मौका मिलते ही बातचीत करके उन्हें सुनाएं। ऐसा करने से न केवल आपकी याददाश्त मजबूत होगी, बल्कि बातचीत करने की आदत से आपका ज्ञान भी बढ़ता जाएगा। इससे विषय को समझने में भी सहायता मिलेगी और याद की हुई बातें आपके दिमाग में हमेशा के लिए बैठ जाएंगी।

कल्पना शक्ति का प्रयोग करें

आपको याद होगा कि बचपन में आपने मित्रों के माध्यम से अक्षरों का ज्ञान प्राप्त किया है। चित्र देखते ही आपको याद आ जाता है कि इस चित्र को क्या कहते हैं? आपको याद होगा कि जब आपको गया पर निबंध लिखना होता था, तो गाय का चित्र आपकी कल्पना-शक्ति के सामने आ जाता था। बस, फिर आप उसका पूरा वर्णन कर देते थे। ठीक उसी प्रकार अपने पाठ की कहानी, प्रसंगों की घटनाओं को कल्पना चित्र के जरिए अपने दिमाग में बैठा लें, ताकि उनका क्रमवार ध्यान करते ही पूरी कहानी, घटना क्रम आपको तुरंत याद आ जाए।

आपकी कल्पना शक्ति एक मूल्यवान पूंजी है, जो निरंतर सृजन करती रहती है। इसी सृजनशीलता को कल्पना शक्ति के बल पर श्रेष्ठता प्रदान की जाए, तो आश्चर्यजनक परिणाम होते हैं। बस, जरूरत इस बात की है कि आप अपनी कल्पना शक्ति का उपयोग जी जान से करें और एकाग्रचित्त होकर इस शक्ति को अपने अध्ययन में लगा दें।

सह संबंध और समन्वय का तालमेल बैठाएं

जो पाठ आपको याद करने में कठिन लगता हो, उसका किसी अन्य वस्तु या घटना से सह संबंध स्थापित कर अध्ययन करेंगे, तो वह पाठ आसानी से याद हो जाएगा। मन के भीतर की पुरानी याद की गई सामग्री चुंबक जैसा कार्य करती है। अत: नए तथ्य को किसी ऐसी चीज से जोड़ दें, जो आपके दिमाग में पहले से बैठी हो। तात्पर्य यह है कि किसी भी विषय की जितनी अधिक जानकारी आपके दिमाग में पहले से बैठी होगी, उतनी ही आसानी से उस विषय की नई-नई बातें आप याद रख सकेंगे।

सूत्र (फार्मूले) बनाएं

मात्र छोटा सा सूत्र याद रखकर अनेक बातों को आप उनके क्रम में याद रख सकते हैं और गंभीर बातों को भी भूलने से बच सकते हैं। जैसे इंद्रधनुष के रंगों

को क्रम से याद रखने के लिए अंग्रेजी का बनाया हुआ सूत्र 'विबग्योर' (VIBGYOR) है, इसकी मदद से रंगों का क्रम बैंगनी (VIOLET), नील (INDIGO), नीला (BLUE), हरा (GREEN), पीला (YELLOW), नारंगी (ORANGE) और लाल (RED) बनता है। इसे आसानी से एक शब्द से याद रखा जा सकता है। जबकि रटने में आपको बहुत समय लगेगा और आप इस क्रम को लिखते समय भूल भी सकते हैं। अतः आपको चाहिए कि अपनी सुविधा के अनुसार और सूझ-बूझ से पाठ्य सामग्री में से नए-नए सूत्रों का निर्माण कर, अपनी नोटबुक में उचित स्थानों पर लिखते जाएं और उन्हें समय-समय पर दोहराते रहें, ताकि वे अच्छी तरह से याद हो जाएं। इससे प्रश्नों के उत्तर लिखते समय बस एक मात्र सूत्र याद आते ही आप पूरा उत्तर क्रम से बखूबी कम समय में लिख सकेंगे। यह जरूरी नहीं है कि आपके द्वारा बनाया गया सूत्र सार्थक ही हो, आप अपनी सूझ-बूझ से निरर्थक शब्द या वाक्य की रचना भी कर सकते हैं, लेकिन ये सूत्र समझने तथा याद करने में आसान होना चाहिए।

मित्रों, सहपाठियों व परिचितों के नाम

कई बार ऐसा होता है कि आपको अपने पुराने मित्र, सहपाठी या परिचित का नाम ही याद नहीं आता और जब आप उन्हें अन्य संबोधनों से पुकारते हैं या आमना-सामना होने पर नाम याद न आने की बात कहते हैं, तो इससे सामने वाले व्यक्ति पर विपरीत प्रभाव पड़ता है और संबंधों में कटुता आती है। अतः जिसका नाम आपको याद रखना हो मन ही मन उसे दिन में कई बार दोहराते रहें। फिर नाम का सह संबंध किसी वस्तु या अर्थ से जोड़ें। उसके नाक-नक्श, चेहरे, शरीर की बनावट की कोई महत्त्वपूर्ण बात पर विशेष ध्यान दें, ताकि उसका संदर्भ दिमाग में आते ही आपको उसका नाम याद आ जाए। जैसे कालीचरण का रंग पक्का हो, तो उसका काला रंग देखकर ही आपको उसके नाम का स्मरण हो जाएगा। ऐसा ही तालमेल आप अन्य नामों के साथ बैठा सकते हैं। बस, जरूरत है तो नाम याद रखने में रस लेने की, रुचि रखने की।

दिमाग पर अनावश्यक भार न डालें

आपका मस्तिष्क शरीर का सबसे महत्त्वपूर्ण अंग है, उस पर दैनिक जीवन की छोटी-मोटी बातों का अनावश्यक भार न डालें। उसकी याददाश्त की क्षमता बनी रहे, इसके लिए यह जरूरी है कि आप दैनिक जीवन में किए जाने वाले कार्यों को अपनी पाकेट डायरी में या घर पर इंगेजमेंट पैड में नोट करके रखें। न कि याददाश्त के भरोसे दिमाग में पाले रखें और उसमें से कुछ भूलकर नुकसान उठाएं। डायरी

में नोट करने से न केवल भूलने की समस्या का निवारण होगा, बल्कि मस्तिष्क पर अनावश्यक बोझ भी नहीं पड़ेगा।

पूरा पाठ एक बार में ही याद करें

मनोवैज्ञानिकों का कहना है कि पाठ को एक बार में ही पूरा पढ़कर याद करना चाहिए न कि टुकड़ों में। इससे समय और शक्ति का नुकसान नहीं होता और अधिक सामग्री लंबे समय तक याद बनी रहती है। यह माना कि काम चलाऊ दृष्टि से टुकड़ों में पढ़कर याद करना ठीक लग सकता है, लेकिन स्थायी असर के लिए एक बार में पूरा पाठ ही याद करना श्रेष्ठ होता है। इस विधि को अमल में लाने के लिए यह जरूरी है कि पाठ में आए कठिन भागों को पूर्व में ही समझ कर सरल बना लिया जाए, ताकि लिखते समय किसी प्रकार की अड़चन न आए।

उपरोक्त विधियों को अपनाकर आप भूलने की बुरी आदत से बच सकते हैं और अपनी स्मरण शक्ति को स्थायी तथा शक्तिशाली बना सकते हैं।

याददाश्त बढ़ाने के लिए सामान्य उपचार

आपका मस्तिष्क जितना स्वस्थ होगा, आपकी याददाश्त उतनी ही स्थायी होगी। याददाश्त बढ़ाने की तकनीकें स्वस्थ मस्तिष्क अधिक सरलता से ग्रहण कर सकता है। अतः मस्तिष्क स्वस्थ और शक्तिशाली रखने के लिए भोजन संबंधी कुछ सुझाव दिए जा रहे हैं। इन नुसखों को अमल में लाकर आप अपने मस्तिष्क की कार्य क्षमता बढ़ा सकते हैं :

- रात को 6 बादाम भिगोकर सुबह उतनी ही मात्रा में मिसरी अच्छी तरह मिलाकर, एक चम्मच मक्खन के साथ नियमित रूप से कुछ माह तक खाने से दिमाग की कमजोरी दूर होती है, स्मरण शक्ति बढ़ती है, दिमाग में तरावट आती है।
- सुबह 6 बादाम, एक चम्मच मिसरी और एक चम्मच सौंफ, अच्छी तरह मिलाकर एक गिलास गुनगुने दूध के साथ कुछ माह नियमित सेवन करने से उपरोक्त लाभ मिलते हैं।
- सुबह आंवले का मुरब्बा एक चम्मच, एक गिलास दूध के साथ नियमित रूप से सेवन करने से याददाश्त बढ़ती है।
- मस्तिष्क की दुर्बलता और याददाश्त की कमी को दूर करने में आगरा का प्रसिद्ध पेठा बहुत गुणकारी पाया गया है। इसका नियमित रूप से सेवन भोजन के बाद किया जाना चाहिए।

- 3 चम्मच मक्खन में 5 काली मिर्च और एक चम्मच मिसरी मिलाकर सुबह नियमित रूप से सेवन करने से मस्तिष्क की कमजोरी दूर होकर याददाश्त बढ़ती है। शारीरिक कमजोरी भी दूर होती है।
- गुड़ और तिल के बने लड्डू प्रतिदिन दोनों समय के भोजन के बाद चबाकर खाने से मानसिक और शारीरिक दुर्बलता दूर होती है।

वैद्य की सलाह से सारस्वतारिष्ट, सीरप शंखपुष्पी, ब्राह्मी शंखपुष्पी, ब्राह्मी सत्व, अश्वगंधारिष्ट आदि में से किसी एक का सेवन कर याददाश्त की कमी, दिमागी थकावट दूर करके बुद्धि, बल बढ़ाया जा सकता है।

अमेरिकन डायटेटिक एसोसिएशन की प्रवक्ता सिण्डी थॉम्सन के मतानुसार दिमाग को चुस्त और तेज बनाए रखने में विटामिन बी-6, बी-12, आयरन व प्रोटीन काफी मददगार हो सकते हैं। ये विटामिन शरीर के ग्लूकोस को मेटाबोलाइज करने में मदद करते हैं, जो दिमाग के सबसे प्रमुख एनर्जी स्रोत हैं। इन्हें सभी तरह के अनाज, चोकरयुक्त रोटी, दूध, दही, गोश्त, अंडा आदि से प्राप्त किया जा सकता है। आयरन हमारे दिमाग के पैनेपन और सीखने की क्षमता को बरकरार रखता है, जो पालक, अंडा, गोश्त, मछली, जिगर, अंजीर, मेथी, दाल, टमाटर आदि में होता है। प्रोटीन हमारे दिमाग की क्षमता और स्फूर्ति को देर तक बनाए रखता है जो गेहूं, चना, अरहर, मटर, सोयाबीन, बादाम, काजू, मूंगफली, मसूर की दाल, तिल, चिकन, अंडा आदि से प्राप्त किया जा सकता है।

खंड तीन

लेखन कार्य

सुंदर हस्तलेख का महत्त्व समझें

> किसी भी व्यक्ति की लिखावट से उसके हाव-भाव, रहन-सहन, व्यवहार और व्यक्तित्व का पता लगाना अब वैज्ञानिकों के लिए आसान बात है। उनके अनुसार जिन व्यक्तियों की लिखावट सुंदर, साफ व स्पष्ट होती है, वे सरल और सुशील होते हैं। अक्षरों का क्रम से एक बराबर होना या उन पर नीचे न लिखा होना व्यक्ति के नम्र एवं दयालुपन का सूचक होता है।

'**आप** लिखें खुदा बांचे' वाली उक्ति को हममें से अनेक विद्यार्थी चरितार्थ करते हैं। किसी-किसी की लिखावट तो ऐसी मालूम पड़ती है, जैसे किसी चींटे को स्याही में डुबोकर कागज पर छोड़ दिया गया हो और उसके चलने से अक्षरों का निर्माण हुआ हो। यह एक मनोवैज्ञानिक तथ्य है कि अस्पष्ट, गंदा, घसीट कर लिखा हस्तलेख पढ़ने का मन किसी का नहीं होता।

गांधीजी की आत्मकथा में लिखा है कि पता नहीं कहां से यह गलत ख्याल मुझे था कि पढ़ाई में सुलेख की आवश्यकता नहीं है। मेरी यह धारणा विलायत जाने तक बनी रही। बाद में मैं पछताया और शरमाया। मैं समझ गया कि अक्षरों का खराब होना अधूरी शिक्षा की निशानी है। अत: हर एक व्यक्ति मेरे इस उदाहरण से सबक ले और समझे कि सुंदर अक्षर शिक्षा का आवश्यक अंग है।

सफलता का रहस्य

इसमें कोई संदेह नहीं कि सुंदर हस्तलेख का स्पष्ट और शुद्ध होना हर क्षेत्र में सफलता पाने के लिए एक आवश्यक गुण माना गया है। सुंदर हस्तलेख देखकर हर पढ़ने वाले व्यक्ति को प्रसन्नता होती है और पूरा मैटर पढ़ने का मन होता है। अस्पष्ट, गंदा, घसीटा हुआ लेख कोई पढ़ना पसंद नहीं करता। यही वजह है कि सुंदर लिखावट को प्रोत्साहन देने के लिए अनेक परीक्षाओं में अलग से 5 अंक रखे जाते हैं।

हस्तलेख का प्रभाव

परीक्षा में प्रश्नों के उत्तर लिखने का उद्देश्य यही होता है कि परीक्षक के लिए वह पढ़ने में आए और यह तभी संभव है, जबकि हस्तलेख सुंदर हो। अन्यथा गंदे लिखे उत्तर को परीक्षक मन मसोस कर पढ़ेगा तो जरूर, लेकिन उस पर आपका प्रभाव अच्छा नहीं पड़ेगा। परिणामत: वह आपको अंक देने में संकोच बरतेगा। हो सकता है कि आपने गहन अध्ययन करके बहुत सटीक उत्तर लिखा हो, लेकिन खराब लेख के कारण आप उचित अंक पाने से वंचित रह जाएं। अत: यदि आप चाहते हैं कि आपकी योग्यता का सही मूल्यांकन हो, तो आपका हस्तलेख सुंदर होना बहुत आवश्यक है।

हस्तलेख से व्यक्तित्व

हस्तलेख विशेषज्ञों का मानना है कि हाथ की लिखावट वास्तव में दिमाग की लिखावट का आईना होती है। हस्तलेख वह आईना है, जिससे लेखक की शारीरिक एवं मानसिक हालत तथा उसके व्यक्तित्व का पता चलता है। जिस तरह एक चेहरे के दो व्यक्ति नहीं होते, ठीक उसी तरह दो व्यक्तियों की लिखावट एक जैसी नहीं होती। हस्तलेख के विश्लेषण से व्यक्ति की मानसिक व्यग्रता, भावनात्मक स्थिति या शारीरिक स्वास्थ्य का भी पता चल सकता है। उसके चरित्र और दिमागी हालत को सही-सही बताने में भी समर्थ होते हैं।

हस्तलेख बिगड़ना

आजकल देखने में आता है कि बच्चे छोटी उम्र में लिखना प्रारंभ करते ही पेंसिल, स्केच पेन, बाल पेन या इंक पेन को गलत ढंग से पकड़ कर लिखना शुरू कर देते हैं। यही वजह है कि प्रारंभ से ही उनका हस्तलेख बिगड़ जाता है। व्यस्तता के आज के माहौल में माता-पिता, अभिभावक या शिक्षक बच्चों की लिखावट की ओर व्यक्तिगत ध्यान नहीं दे पाते हैं। इसी कारण उनका हस्तलेख भविष्य में और अधिक बिगड़ जाता है।

उपेक्षा का प्रभाव

यदि आपके बच्चे का हस्तलेख खराब है, तो उसे भाग्य के भरोसे न छोड़ें और न ही यह मानकर चलें कि बड़ा होने पर अपने आप सुधार आ जाएगा। आपको चाहिए कि तुरंत बच्चे के हस्तलेख को सुधारने पर ध्यान दें। उसे लिखने का अभ्यास कराएं, साथ ही उसे समझाएं कि जो बच्चे अपनी लिखावट के प्रति उपेक्षा बरतते हैं, वे अपना ही अहित करते हैं। सुंदर हस्तलेख कोई जादू

की छड़ी नहीं है, जिसे घुमाते ही सुंदर लिखावट उभर आएगी। शुरू से अपने हस्तलेख के प्रति गंभीर न रहने वाले बच्चों की लिखावट बड़ी कक्षाओं में जाने पर और अधिक खराब होती जाती है, क्योंकि उतने ही समय में उन्हें जल्दी-जल्दी काफी लिखना होता है। जबकि छोटी कक्षाओं की परीक्षा में भी उतना ही समय मिलता है और लिखना बहुत कम पड़ता है। मतलब यह कि जिनका हस्तलेख छोटी कक्षाओं की परीक्षा देने में ही खराब हो जाता है, तो फिर बड़ी कक्षाओं में उनसे हस्तलेख के सुधार की आशा रखना व्यर्थ है।

लिखने से जी चुराना

वास्तव में देखा जाए तो अस्पष्ट, गंदी हस्तलिपि लिखने का कारण अधिकांश विद्यार्थियों में लिखने से जी चुराना होता है, जबकि इसका कारण जल्दबाजी, समय का अभाव बताया जाता है, जो बहाना मात्र है। लिखने से जी चुराने वाले विद्यार्थी परीक्षा हाल में सब कुछ जानते हुए भी समय की कमी के कारण पूरे प्रश्नों के उत्तर नहीं लिख पाते हैं और जितना लिखते हैं, उसमें से बहुत कम ही पढ़ने योग्य होता है। अत: आरंभ से ही अधिक से अधिक अभ्यास करके तेज गति से अच्छे अक्षरों में लिखने की आदत बनाना चाहिए।

हस्तलेख कैसे सुधारें

जिन विद्यार्थियों का हस्तलेख खराब हो चुका है और वे चाहते हैं कि उसमें सुधार किया जाए, तो निराश न हों और **'बीती ताहि बिसार दे आगे की सुध लेय'** को ध्यान में रखते हुए नियमित रूप से एक पृष्ठ छपे हुए अक्षरों को देखकर, सीधे-सीधे जमा कर लिखने का अभ्यास प्रारंभ कर दें और निम्न बातों की ओर विशेष ध्यान दें, ताकि हस्तलेख में सुधार और गति आ सके :

- इंक पेन या बालपेन की रिफिल ऐसी चुनें, जो बिना रुकावट के हलकी और अच्छी तरह से चले। गड़ा-गड़ाकर, जोर देकर या एक ही अक्षर पर बार-बार स्याही फेरने की जरूरत न पड़े। स्याही का फ्लो अच्छा हो, बार-बार छिड़कना न पड़े। रिफिल से स्याही ओवरफ्लो न हो, अन्यथा जगह-जगह धब्बे पड़ जाएंगे, जो हस्तलेख की सुंदरता नष्ट कर देंगे। यदि निब या रिफिल परेशान करे तो उसे तुरंत बदल दें, अन्यथा आपका मन लिखने का न होगा और मजबूरी में बेमन से लिखेंगे तो हस्तलेख खराब आएगा।
- लेखन में जहां तक हो सके बार-बार काटा-पीटी न करें। यह तभी संभव है, जब लिखने के पूर्व ही मन में वाक्यों की रचना इस प्रकार करते रहें कि विचारों की धारा बनी रहे। बार-बार की काटा-पीटी से हस्तलेख खराब

दिखता है। अत: यदि मजबूरीवश कोई शब्द काटना ही पड़ जाए तो मात्र एक लकीर खींचकर काट दें, न कि अनेक बार गोदकर काटें। इससे वह स्थान दूर से ही बुरा दिखाई देता है।

- जिस प्रकार मकान के पिलर बिल्कुल सीधे-सीधे खड़े होते हैं, ठीक वैसे ही अक्षरों की बनावट ऐसी हो कि वे सीधे-सीधे लगें। छपे हुए बड़े अक्षरों की रचना को देखकर वैसा ही लिखने का प्रयास करें। घसीट कर, आड़े-तिरछे झुके हुए अक्षरों को लिखने से लेखन में सुंदरता आना संभव नहीं होता। अत: इस ओर विशेष ध्यान दें।
- असावधानीवश विद्यार्थी शब्दों के ऊपर शिरोरेखा लगाना भूल जाते हैं, जिसके कारण सुंदर हस्तलेख भी खराब नजर आता है। सुंदर हस्तलेख के लिए शिरोरेखा जरूर लगाएं।
- शब्दों को बिल्कुल पास-पास न लिखकर, थोड़े-थोड़े अंतर में लिखें और जहां तक संभव हो, उनके बीच का फासला लगभग बराबर रखने का प्रयास करें। ध्यान देने योग्य बात यह है कि ऊपर की पंक्ति के शब्द के नीचे ही शब्द लिखे जाएं तो हस्तलेख और भी सुंदर बन जाता है।
- आजकल बच्चों को छोटी कक्षाओं में सुलेख लेखन पुस्तिकाएं लिखने को दी जाती हैं, जिसमें सबसे ऊपर की लाइन में छपे हुए अक्षर होते हैं और नीचे की लाइनों में बिंदुओं से उनकी रचना की गई होती है। इनका उपयोग स्केच पेन से बच्चों को अवश्य करना चाहिए, ताकि लेखन की नींव मजबूत हो सके। बड़े लोग भी जिनका हस्तलेख सुंदर नहीं है, नियमित रूप से इन पुस्तिकाओं का अभ्यास करें, तो उनके हस्तलेख में निश्चित रूप से सुधार आएगा।

❑❑

लिखने का अभ्यास करें, गति बढ़ाएं

> परीक्षा की मेरिट लिस्ट में आने के लिए तेज गति से लिखने का अभ्यास जरूरी है। यदि आप अपने विषय के प्रश्नों के उत्तर नियमित रूप से लिख-लिखकर याद करें, तो धीरे-धीरे आपके लिखने की गति बढ़ जाएगी और साथ ही साथ सभी तरह की लेखन की अशुद्धियां भी दूर हो जाएंगी। बार-बार लिखने से वह पाठ्य सामग्री आपको अच्छी तरह याद भी हो जाएगी। इस प्रकार आपका आत्मविश्वास बढ़ेगा और आप निडर होकर परीक्षा में प्रश्नों के उत्तर अच्छी तरह लिख सकेंगे।

परीक्षा की मेरिट लिस्ट में सफलता पाने के लिए विद्यार्थियों को केवल पढ़ने भर से काम नहीं चलता। परीक्षा में लगातार तीन घंटे लिखना ही होता है, वहां न कोई पुस्तक पढ़नी होती है और न ही किसी को सुनाना होता है। अत: लिखने से जी चुराने वाले विद्यार्थियों को अच्छी तरह से समझ लेना चाहिए कि परीक्षा में लिखे बिना और तेजगति से सारे प्रश्नों के उत्तर लिखने का अभ्यास किए बिना मेरिट लिस्ट में आना चाहते हैं अथवा स्कूल या बोर्ड परीक्षा में प्रथम स्थान पाना चाहते हैं, तो अधिक से अधिक और तेज गति से लिखने की नियमित प्रैक्टिस अवश्य करें। इसके साथ-साथ आपका हस्तलेख भी सुंदर बन पड़े, तो फिर सोने में सुहागा।

परीक्षा देकर बाहर निकलने वाले अधिकांश परीक्षार्थियों की शिकायत होती है कि उन्हें सारे प्रश्नों के उत्तर आते थे, लेकिन समय खत्म हो जाने के कारण पूरे उत्तर नहीं लिख पाए। कारण साफ है कि उनके लिखने की गति इतनी तेज नहीं थी, जितनी परीक्षा में प्रश्नों के उत्तर लिखते समय होनी चाहिए।

इसमें कोई दो मत नहीं कि आपने वर्ष भर चाहे जितना अध्ययन किया हो, उसका निर्णय परीक्षा भवन में कापी में लिखे गए प्रश्नों के उत्तर पर आधारित होता है। हमारी परीक्षा प्रणाली ही कुछ ऐसी है कि साल भर खूब मेहनत

करने वाले चतुर विद्यार्थी भी यदि परीक्षा में सीमित समय में पूरे उत्तर नहीं लिख पाता है, तो उसका परिश्रम पूर्ण फलदायी नहीं होता।

नियमित अभ्यास

यदि कोई खिलाड़ी दौड़ने का कभी अभ्यास न करे और दौड़ की प्रतियोगिता में शामिल हो जाए, तो क्या उसे सफलता मिलेगी? कदापि नहीं, चाहे वह शारीरिक दृष्टि से कितना ही हृष्ट-पुष्ट क्यों न हो। ठीक उसी प्रकार यदि कोई पहलवान बिना अभ्यास किए खूब मालिश और खूब दंड बैठक मारकर अखाड़े में उतर जाए, तो कुश्ती में उसे मुंह की खानी ही पड़ती है। भले ही शारीरिक तंदुरुस्ती में उसका मुकाबला करने वाला कोई न हो। वैसे ही परीक्षा में अच्छे अंकों से सफलता पाने के लिए तेज गति से लिखने का अभ्यास जरूरी होता है, भले ही आपको परीक्षा में पूछे गए सारे प्रश्न क्यों न आते हों। लेकिन अभ्यास के बिना उनका लिखना मुश्किल है।

इसमें कोई दो मत नहीं कि यदि आप अपने विषय के प्रश्नों के उत्तर नियमित रूप से लिख-लिखकर याद करें, तो धीरे-धीरे आपके लिखने की गति बढ़ जाएगी और साथ ही साथ लेखन की अशुद्धियां भी दूर हो जाएंगी। बार-बार लिखने से वह सामग्री आपको अच्छी तरह याद भी हो जाएगी और फिर आप निडर होकर परीक्षा में उसे लिख सकेंगे।

लिखने में तेज गति प्राप्त करने के लिए पेन की निब, स्याही या रिफिल की स्याही का फ्लो उत्तम होना जरूरी है, अन्यथा पेन के दोषपूर्ण होने पर आप अपना लक्ष्य प्राप्त न कर सकेंगे।

यदि आप नियमित रूप से आठ घंटे अध्ययन के लिए निकालते हैं, तो उसमें से चार घंटे का समय लिखने के लिए जरूर निकालें। इससे न केवल आपके लिखने की गति बढ़ेगी, बल्कि शुद्धता से धारा प्रवाह लिखने का अभ्यास भी हो जाएगा। जो विद्यार्थी लिखकर प्रश्नों के उत्तर याद नहीं करते, उन्हें परीक्षा हाल में स्पेलिंग पर बार-बार संदेह होने लगता है।

प्राइवेट परीक्षार्थी के रूप में परीक्षा देने वाले विद्यार्थी केवल अध्ययन करके पूरा पाठ्यक्रम तो समझ लेते हैं, लेकिन लिखने का अभ्यास बिल्कुल न करने के कारण उनके लेखन में गति नहीं आ पाती। परिणाम यह होता है कि परीक्षा में पूरे प्रश्नों के उत्तर आते हुए भी अपनी मंद गति से लिखने की आदत के कारण लिख नहीं पाते हैं और समय पूरा हो जाता है।

लिखने की गति कैसे बढ़ाएं

लिखने की गति बढ़ाने के लिए सबसे अधिक आवश्यकता तो लेखन के प्रति आपकी रुचि और निरंतर अभ्यास की ही है, किंतु इसके साथ कुछ और तथ्य हैं, जिनका ध्यान रखने पर लेखन में तेजी लाई जा सकती है। संक्षेप में ये तथ्य निम्नांकित हैं :

- आपके पेन का फ्लो बहुत अच्छा होना चाहिए। लिखते समय पेन से स्याही का कम निकलना जहां अक्षरों को फीका कर देता है, वहीं अधिक स्याही निकलने पर कई बार स्याही के धब्बे कागज पर पड़ जाते हैं और अक्षर बिगड़ जाते हैं, जिससे यह देखने में तो भद्दा लगता ही है और कई बार तो पढ़ने योग्य भी नहीं होता। यह भी ध्यान रखें कि पेन चलने में खुरखुराए या कागज नहीं फाड़े। पेन न तो बहुत लंबा हो और न ही बहुत छोटा। कलम की मोटाई भी ऐसी हो कि उस पर आपकी पकड़ बनी रहे। यद्यपि पतले या अधिक मोटे पेन को पकड़ने में असुविधा होती है।

- लिखने के अभ्यास के लिए कागज भी अच्छी कोटि का प्रयोग करें। खराब कागज पर लेख ठीक नहीं आता है। रद्दी कागज पर स्याही फैलने से बहुत अच्छा लेख भी खराब लगता है, साथ ही भद्दे रंग के कागज पर स्याही की चमक पूरी तरह से नहीं उभरती है।

- लिखते समय आपके बैठने का ढंग सजगतापूर्ण होना चाहिए। सही मुद्रा में न बैठने पर आपकी शक्ति का पूरा उपयोग नहीं हो पाएगा और लेखन में तेजी नहीं आ पाएगी।

- लिखते समय कापी को उचित दूरी पर रखें। एक निश्चित दूरी को कम या अधिक दूर रखने पर कापी पर आपका लेखन साफ नहीं आएगा, इससे आपके लिखने की गति भी प्रभावित होगी और अक्षर भी सुंदर नहीं बनेंगे।

- लिखते समय आपके हाथ की मुद्रा भी ठीक होनी चाहिए। वैसे तो सभी छात्र अपनी सुविधा से लिखने की आदत डाल लेते हैं, लेकिन बेहतर तो यही है कि लिखते समय आपका हाथ आसानी से आगे बढ़ता जाए और बार-बार आपको हाथ न उठाना पड़े। कलम को इस प्रकार पकड़ें कि उसका पिछला भाग आपकी पहली अंगुली की गांठ को छूता रहे। कलम सीधी रखने से भी लेखन तेज नहीं हो पाता।

अत: ऐसे विद्यार्थी जिन्हें लिखने की आदत न हो और तेज गति से लिखना चाहते हों, तो उन्हें '**करत-करत अभ्यास के जड़मति होत सुजान**' की लोकोक्ति

से शिक्षा लेनी चाहिए और आज से ही प्रश्नों के उत्तर लिख-लिखकर याद करना शुरू कर दें। नियमित रूप से खूब लिखें। तेज रफ्तार से लिखते जाएं। हस्तलेख की ओर भी ध्यान देते रहें। फिर देखें कि आपके लगातार अभ्यास से आपका लेख किस प्रकार सुंदर बनता है और आपके लिखने की गति कितनी तेज होती जाती है।

❑❑

लिखने की अशुद्धियां यूं दूर करें

> यदि मनुष्य सीखना चाहे तो उसकी हरेक भूल उसे कुछ न कुछ शिक्षा दे सकती है।
>
> —डिकेन्स
>
> अपनी गलती स्वीकार कर लेने में लज्जा की कोई बात नहीं है। इससे दूसरे शब्दों में यही प्रमाणित होता है कि बीते हुए कल की अपेक्षा आज आप अधिक बुद्धिमान हैं।
>
> —अलेक्जेण्डर पोप
>
> भूल करना मनुष्य का स्वभाव है। की हुई भूल को स्वीकार कर लेना एवं वैसी भूल फिर न करने का प्रयास करना, वीर एवं शूर होने का प्रतीक है।
>
> —महात्मा गांधी

यह बड़े आश्चर्य की बात है कि हायर सेकेंडरी या उच्च शिक्षा प्राप्त छात्रों को जब कोई प्रार्थना पत्र या पांडुलेख लिखना होता है, तो उसमें भी भाषा की अशुद्धियां हो जाती हैं। उनके लिखे पत्र, लेख, कापियां पढ़ी जाएं, तो लगता है कि अधिकांश छात्रों ने साधारण वाक्यों तक में गलत भाषा, अशुद्ध शब्द और वर्तनी (स्पेलिंग) की गलतियां की हैं। कई जगह तो अशुद्धियों के कारण अर्थ का अनर्थ हो जाता है। 'आदि' को 'आदी' लिख देने पर आदि का अर्थ प्रारंभ न होकर 'अभ्यस्त' हो जाता है।

खेद की बात तो यह है कि हिंदी भाषी विद्यार्थी भी अपनी भाषा की शुद्धता का ध्यान नहीं रखते। कुछ विद्यार्थी समझते हैं कि उन्होंने जो भी लिख दिया, वही शुद्ध हिंदी है। अशुद्ध लेखन का प्रमुख कारण व्याकरण के ज्ञान की कमी होना होता है। आजकल के विद्यार्थी व्याकरण को 'हौआ' समझ कर उसके अध्ययन में रुचि नहीं लेते। अध्यापक भी विद्यार्थियों को व्याकरण का

उचित महत्त्व नहीं समझाते। परिणाम यह होता है कि बड़ी कक्षाओं तक पहुंचने वाले विद्यार्थियों के शुद्ध लेखन में अनेक प्रकार की कमी रह जाती है। अंग्रेजी भाषा में व्याकरण तथा अशुद्ध लेखन को किसी भी प्रकार प्रोत्साहित नहीं किया जाता, उसी प्रकार हिंदी में अशुद्ध लेखन भी क्षम्य नहीं किया जाना चाहिए।

उल्लेखनीय है कि हिंदी भाषा में देवनागरी लिपि में जैसा बोला जाता है, वैसा ही लिखा जाता है, इसीलिए अक्षरों का शुद्ध उच्चारण ही शुद्ध पाठ बन जाता है। इसके विपरीत अंग्रेजी में शब्द का उच्चारण कुछ और होता है और वह लिखा कुछ और ही प्रकार से जाता है। यही कारण है कि अंग्रेजी लिखने वालों को वर्तनी (स्पेलिंग) रटना पड़ता है, जबकि हिंदी में रटने की नहीं, बल्कि उच्चारण पर ध्यान देने की जरूरत होती है।

अशुद्ध लेखन का बुरा प्रभाव

इसमें संदेह नहीं कि परीक्षा में दिए गए उत्तरों की विषय सामग्री कितनी ही अच्छी क्यों न हो, यदि उसे सही शब्दों और भाषा में नहीं लिखा गया है, तो उसका बुरा प्रभाव परीक्षक पर बिना पड़े नहीं रहता। लिखने की भाषा, शब्द और वर्तनी की गलतियों का परिणाम यह होता है कि आपको अपेक्षा से कम नंबर मिलते हैं। अत: इस संबंध में लापरवाही बरतना ठीक नहीं।

गलतियां सुधारें

यों तो लेखन में अनेक प्रकार की अशुद्धियां होती हैं, जैसे गलत शब्दों का प्रयोग, गलत मात्राओं का प्रयोग, अशुद्ध वर्ण-विन्यास, व्याकरण के नियमों का पालन न करना और वाक्यों की रचना में तालमेल न बैठना आदि। प्रत्येक परीक्षार्थी को सतत् अभ्यास करके इन्हें दूर करने का निरंतर प्रयत्न करते रहना चाहिए। इस संबंध में विस्तृत अध्ययन के लिए शुद्ध हिंदी प्रयोग या हिंदी व्याकरण की कोई भी पुस्तक पढ़ें। इन पुस्तकों में शुद्ध हिंदी लेखन को बड़ी सरलता से समझाया गया है। आमतौर पर की जाने वाली सामान्य अशुद्धियों की ओर यहां आपका ध्यान आकर्षित किया जा रहा है, जिन पर ध्यान देकर आप भाषा संबंधी अधिकांश भूलों से बच सकते हैं।

आओ जानें, अशुद्ध-शुद्ध शब्द

अशुद्ध	शुद्ध	अशुद्ध	शुद्ध
अस्मर्थ	असमर्थ	उद्देष्य	उद्देश्य
अस्वस्थ्य	अस्वस्थ	उपलक्ष	उपलक्ष्य
अंतर्ध्यान	अंतर्धान	उपरोक्त	उपर्युक्त
आधीन	अधीन	उल्टा	उलटा
आरोग्यता	आरोग्य	उछ्वास	उच्छ्वास
आवश्यकीय	आवश्यक	ऊंगली	उंगली
आवो	आओ	एश्वर्य	ऐश्वर्य
आंसु	आंसू	कलस	कलश
अवकास	अवकाश	कालीदास	कालिदास
अवगुन	अवगुण	कुंआ	कुआं
अकस्मात	अकस्मात्	क्लेस	क्लेश
अन्ताक्षरी	अन्त्याक्षरी	काऊटंर	काउंटर
असहनीय	असह्य	कोतूहल	कौतूहल
अंर्तगत	अंतर्गत	क्रिपा	कृपा
अनुगृहित	अनुगृहीत	कवित्री	कवयित्री
आशीरवाद	आशीर्वाद	कामयावी	कामयाबी
अज्ञानता	अज्ञान	कुशलतापूर्वक	कुशलपूर्वक
आयना	आईना	कौना	कोना
अंतर्रात्मा	अंतरात्मा	कृतघ्नी	कृतघ्न
अंतर प्रान्तीय	अंत: प्रान्तीय	गृहण	ग्रहण
इक्षा	इच्छा	ग्यान	ज्ञान
ईर्षा	ईर्ष्या	ग्रहीत	गृहीत
इष्ठ	इष्ट	गरीबता	गरीबी
उन्नतशील	उन्नतिशील	गोष्टी	गोष्ठी
उपयोगता	उपयोगिता	घनिष्ट	घनिष्ठ
उज्जवल	उज्ज्वल	चाहिये	चाहिए

अशुद्ध	शुद्ध	अशुद्ध	शुद्ध
छमता	क्षमता	पहिला	पहला
छूआछूत	छुआछूत	पिंजड़ा	पिंजरा
जागृत	जाग्रत	परिषद	परिषद्
जाग्रति	जागृति	पीडा	पीड़ा
जलदी	जल्दी	पश्चात	पश्चात्
जबाब	जवाब	प्रतिक्षा	प्रतीक्षा
जनेउ	जनेऊ	प्रार्दुभाव	प्रादुर्भाव
तैय्यार	तैयार	पृथक	पृथक्
त्याज	त्याज्य	पुराणिक	पौराणिक
तुष्ठि	तुष्टि	पैत्रिक	पैतृक
त्यौहार	त्योहार	प्रशाद	प्रसाद
त्रिमासिक	त्रैमासिक	पुन्य	पुण्य
दवाईयां	दवाइयां	पृष्ट	पृष्ठ
दुख	दुःख	प्रथक	पृथक
दुनियां	दुनिया	प्रोढ़	प्रौढ़
द्वंद	द्वंद्व	पृथा	प्रथा
दृष्टा	द्रष्टा	फागुन	फाल्गुन
द्वारिका	द्वारका	विसारद	विशारद
देहिक	दैहिक	वालमीकी	बाल्मीकि
दवाब	दबाव	विकाश	विकास
दिवाली	दीवाली	वैराग	वैराग्य
धोका	धोखा	व्यवहारिक	व्यावहारिक
नई	नयी	बर्हिगमन	बहिर्गमन
नबाब	नवाब	बेद	वेद
निसिद्ध	निषिद्ध	बिमार	बीमार
पन्डित	पण्डित/पंडित	बृज	ब्रज
पत्नि	पत्नी	बुड्ढ़ा	बुड्ढा

अशुद्ध	शुद्ध	अशुद्ध	शुद्ध
भाष्कर	भास्कर	लाईट	लाइट
भीस्म	भीष्म	सदोपदेश	सदुपदेश
भृष्ट	भ्रष्ट	सन्मान	सम्मान
मरन्	मरण	संमति	सम्मति
मा	मां	सन्मुख	सम्मुख
महिना	महीना	संसारिक	सांसारिक
महात्म्य	माहात्म्य	सौजन्यता	सौजन्य
मारूति	मारुति	संवत्	सम्वत्
मूर्छा	मूर्च्छा	संपति	संपत्ति
यथेष्ठ	यथेष्ट	सामर्थ	सामर्थ्य
रक्खा	रखा	स्थाई	स्थायी
रावन	रावण	स्वास्थय	स्वास्थ्य
रचियता	रचयिता	श्रंगार	शृंगार
राजनैतिक	राजनीतिक	श्रीमति	श्रीमती
रूपया	रुपया	हडताल	हड़ताल
लक्ष	लक्ष्य	हिंदु	हिंदू

बिंदी वाले 'ड़' और 'ढ़' किसी शब्द के प्रथम अक्षर बनकर नहीं आते। जैसे–लड़का, बड़ा, बढ़ा, ढूंढ़ना में ये दूसरे स्थान पर हैं। अतः इनके नीचे बिंदु लगती है।

क्योंकि, कहीं, मैं, में, नहीं बिना बिंदी लगाए नहीं लिखे जाते। अतः इनके लिखते समय इन पर बिंदी लगाना न भूलें।

अधिक त्रुटियां क्रिया के अंत में 'है' और 'हैं' के लेखन में होती हैं। है का प्रयोग एक वचन में तथा हैं का प्रयोग बहुवचन में किया जाता है, जैसे वह रोता है, वह खाता है, वह दौड़ता है, ये एक वचन हुए। अतः इन पर बिंदु नहीं लगेगी, जबकि वे जाते हैं, वे खाते हैं, वे दौड़ते हैं, बहुवचन हुए। अतः इनमें ऊपर बिंदी लगती है। इसका विशेष ध्यान रखें।

'व' और 'ब' लिखते समय अकसर गलती होती है। व और ब में उसके पेट कटे होने का महत्त्व होता है। दोनों में अंतर स्पष्ट समझ लेना चाहिए, जैसे

वन = जंगल और बन = बनकर, उसी तरह बेला (एक खुशबू वाला फूल) और वेला (समय विशेष) में बहुत अंतर होता है।

'कि' और 'की' लिखने में भी अकसर ध्यान नहीं दिया जाता कि कहां किसका उपयोग करना उचित है, इसे अच्छी तरह समझ लें। 'कि' संयोजक है और हमेशा क्रिया के बाद में आता है। जैसे-राम ने कहा कि वह बाजार जाएगा। इसके अतिरिक्त 'क्यों' के साथ भी 'कि' का प्रयोग करके 'क्योंकि' लिखा जाता है, जो अशुद्ध प्रयोग है। 'की' संबंध कारक का चिह्न है। अत: इसका प्रयोग केवल संज्ञा या सर्वनाम के साथ ही किया जा सकता है, जैसे राम की किताब, रमेश की गेंद।

'ए' और 'ऐ' के लेखन में विद्यार्थी चाहिए, पिए, लिए, दिए शब्दों को चाहिऐ, पिऐ, लिऐ, दिऐ लिख देते हैं। यह अशुद्ध प्रयोग है। इसी प्रकार की भूल बैठिये, पढ़िये, उठिये, चलिये, लीजिये, कीजिये, चाहिये के लेखन में होती है। 'ये' के स्थान पर 'ए' लिखना चाहिए। बैठिए, पढ़िए, उठिए, चलिए, कीजिए, चाहिए लिखना शुद्ध रूप है।

एकवचन शब्दों में बहुवचन बनाते समय भी अशुद्धियों की संभावना बनी रहती है। जैसे-हिंदू से हिंदुओं का लिखना। जिन शब्दों में अंतिम अक्षर में दीर्घ 'ऊ' की मात्रा लगी हो, तो बहुवचन में 'उ' में बदल कर आगे 'ओं' लग जाता है। जैसे-बाबू से बाबुओं, भालू से भालुओं आदि। ठीक इसी प्रकार जिन शब्दों में अंतिम अक्षर 'ई' की मात्रा लगती हो, बहुवचन में 'इ' में बदल कर उसके आगे 'यां' जुड़ जाता है। जैसे-ककड़ी से ककड़ियां, लड़की से लड़कियां आदि।

बहुत से शब्द ऐसे हैं, जिनमें हलंत का प्रयोग करने से अर्थ भेद किया जा सकता है, अन्यथा भेद करना मुश्किल होगा, जैसे- अहम् (अहंकार)- अहम (खास), सन् (साल, वर्ष)-सन (पटसन, जूट), जगत् (संसार)- जगत (कुएं का चबूतरा) आदि।

'स' और 'श' में भेद नहीं समझ पाने के कारण भी अकसर गलतियां हो जाती हैं, जैसे बरदाश्त की जगह बरदास्त, प्रशंसा की जगह प्रसंसा, संशोधन की जगह संसोधन आदि।

जहां विसर्ग लगाना आवश्यक होता है, वहां अकसर हम उसका प्रयोग नहीं करते, जैसे-दु:ख की जगह दुख, नि:शुल्क की जगह निशुल्क, नि:स्वार्थ की जगह निस्वार्थ, प्राय: की जगह प्राय लिखना।

बहुत से शब्द ऐसे प्रचलन में आ गए हैं, जिनमें अर्ध व्यंजन तथा पूर्ण व्यंजन दोनों ही रूप सही हैं, जैसे–अकसर-अक्सर, कुर्ता-कुरता, अंग्रेजी-अंगरेजी, इंग्लिश-इंगलिश, बिल्कुल-बिलकुल, दुल्हन-दुलहन, भर्ती-भरती आदि। इसी प्रकार बहुत से उदाहरणों में दोनों रूप लिखे जा सकते हैं। जैसे–गयी-गई, चाहिये-चाहिए, कीजिये-कीजिए, नयी-नई, रुपये-रुपए, किराये-किराए आदि।

कुछ विद्यार्थी वाक्य में अर्धविराम तथा वाक्य पूरा होने पर पूर्णविराम लगाने में आलस करते हैं। इनका उपयोग न होने से कई बार वाक्य भ्रामक और भद्दे बन जाते हैं। कभी-कभी अर्थ का अनर्थ होने की पूरी संभावना बनी रहती है। रोको, मत जाने दो और रोको मत, जाने दो लिखने से हुए परिवर्तन को अनेक विद्यार्थी अर्ध विराम चिह्न की करामात से अच्छी तरह समझ सकते हैं। अतः वाक्य के भाव अधिक सुसंबद्ध एवं बोधगम्य बनाने के लिए विराम चिह्नों का उचित प्रयोग आवश्यक हो जाता है। इससे जहां भाषा सुगठित, वाक्य एवं वाक्यांश जुड़े हुए प्रतीत होते हैं, वहीं लंबे-लंबे वाक्य एवं कथन इन विराम चिह्नों के प्रयोग से अत्यधिक बोधगम्य बन जाते हैं। भाषा सुंदर, सरल तथा सरस हो जाती है। अतः लिखते समय अल्पविराम, अर्धविराम, पूर्णविराम, प्रश्नवाचक, आश्चर्य सूचक, संक्षेप सूचक, अवतरण चिह्न, विवरण चिह्न, निर्देशक चिह्न, लोप सूचक, पाद टिप्पणी, मध्यवर्ती समास चिह्न, हंस पद, तुल्यता, सूचक, कोष्टक, समाप्ति सूचक चिह्नों का स्थान-स्थान पर प्रयोग अवश्य करें।

समान अर्थ रखने वाले शब्दों का उचित प्रयोग करना सीखना जरूरी है, जैसे–किराया और भाड़ा। किराया मकान के संबंध में प्रयुक्त होता है, जबकि भाड़ा रेल या बस का कहलाता है। छाया और परछाईं में वृक्ष की छाया कहलाती है, जबकि व्यक्ति की परछाईं होती है। इसी प्रकार से आम जीव में ऐसे अनेक मिलते-जुलते अर्थ वाले शब्दों की जोड़ी होती है, जिनका हम उचित समय पर उपयोग नहीं करते। इन्हें अच्छी तरह सीखकर प्रयोग करने पर आपके ज्ञान का सिक्का जम सकता है।

जैसे-जैसे लेखन संबंधी अशुद्धियां मालूम होती जाएं, वैसे-वैसे उन्हें शुद्ध रूप में लिख-लिखकर याद कर लें। एक समय ऐसा आएगा कि आप पूरी तरह शुद्ध लेखन सीख जाएंगे।

❑❑

श्रेष्ठ निबंध कैसे लिखें

> *निबंध उस गद्य रचना को कहते हैं, जिसमें एक सीमित आकार के भीतर किसी विषय का वर्णन या प्रतिपादन एक विशेष निजीपन, स्वच्छंदता, सौष्ठव, सजीवता, आवश्यक संगीत और संबद्धता के साथ किया गया हो।*
>
> *—बाबू गुलाब राय*
>
> *निबंध का संबंध कुछ विनोदी वस्तु से होना चाहिए। निबंधकार का आकर्षण इस बात पर निर्भर करता है कि वह ऐसा व्यक्ति प्रकाशित कर सके, जिसमें विनोद, सुरुचि एवं तर्क का समावेश हो, जिसके द्वारा वह पाठकों से सौहार्दपूर्ण मित्रता स्थापित कर सके।*
>
> *—ए.सी.बेन्सब*

निबंध परीक्षा में पूछा जाने वाला एक आवश्यक प्रश्न है। प्रश्न पत्र के अन्य प्रश्नों की अपेक्षा निबंध अधिक अंक वाला प्रश्न होता है। इसलिए मेरिट में आने के लिए निबंध लिखना आवश्यक है। निबंध के इसी महत्त्व को देखते हुए छोटी कक्षाओं से ही विद्यार्थियों को निबंध लिखने का अभ्यास कराया जाता है।

निबंध किसी व्यक्ति, वस्तु, पशु-पक्षी, घटना, त्योहार, उत्सव या यात्रा वृत्तांत आदि किसी भी विषय पर लिखा जा सकता है। व्यक्ति, पशु-पक्षी, उत्सव आदि से संबंधित निबंध सरल होते हैं, इसलिए प्रारंभिक कक्षाओं में इन्हीं पर निबंध लेखन का अभ्यास कराया जाता है। बड़ी कक्षाओं में विचार प्रधान निबंधों को प्रधानता दी जाती है।

निबंध का अर्थ

निबंध शब्द दो शब्दों से मिलकर बना है– नि: + बंध। 'नि:' का अर्थ है भली प्रकार तथा 'बंध' का अर्थ है कसा हुआ या बंध हुआ। अत: वह

गद्य रचना जिसमें क्रमबद्ध तरीके से विचारों की सुगठित और सुरुचिपूर्ण अभिव्यक्ति की जाती है, निबंध कहलाती है।

विशिष्ट विषय के क्रमबद्ध और बुद्धि संगत भाव या विचार प्रौढ़ और संयत भाषा में स्वच्छतापूर्वक लेखक की विशिष्ट शैली में सीमित आकार के भीतर व्यक्त किए गए हों, वह निबंध है।

निबंध अनेक प्रकार के होते हैं, किंतु प्रमुख रूप से हम निबंध को दो प्रकारों से बांट सकते हैं–(क) विचार प्रधान निबंध, (ख) भाव प्रधान निबंध।

विचार प्रधान निबंधों में लेखक को विचार और वस्तु विशेष पर ही केंद्रित रहना पड़ता है और उसके बारे में अधिक से अधिक तथ्यात्मक जानकारी देनी होती है। ऐसे निबंधों में लेखक का व्यक्तित्व तटस्थ रहता है। भाव प्रधान निबंधों में लेखक को अपने भावों की अभिव्यक्ति का भी पूरा अवसर रहता है। इस प्रकार के निबंधों में घटना, भाषा और शैली तीनों ही मन को रमाने वाली होती हैं। तथ्यों या घटनाक्रम पर विशेष बल नहीं दिया जाता। ऐसे भाव प्रधान निबंधों को ललित निबंध भी कहते हैं। परीक्षा में समय सीमा निर्धारित होती है, अत: विद्यार्थियों को लिखने के लिए छोटे निबंध दिए जाते हैं। अनेक बार कई विषय देकर एक विषय पर निबंध लिखवाए जाते हैं और कभी-कभी तो निबंध लिखने के लिए प्रमुख बिंदु भी स्पष्ट कर दिए जाते हैं। जिससे विद्यार्थी उन्हीं बिंदुओं के संदर्भ में निबंध लिखे।

निबंध के प्रकार

वर्णनात्मक निबंध में प्रकृति, नगर, वन, उपवन, मेले, त्योहार, किसी जानवर आदि का वर्णन सजीव तरीके से किया जाता है। इस प्रकार के निबंध लेखन में सूक्ष्म निरीक्षण शक्ति और कुशल कल्पना शक्ति की जरूरत होती है।

कथात्मक या विवरणात्मक निबंध में बीती हुई घटनाओं, पौराणिक वृत्तांतों, युद्ध कथाओं का सिलसिले से जिक्र होता है। इसमें क्रमबद्धता का विशेष ध्यान देना होता है। वर्णन रोचक ढंग से किया जाना चाहिए ताकि पढ़ने वाले की रुचि बनी रहे।

विवेचनात्मक या विचारात्मक निबंध में किसी बात के दोष और गुणों की व्याख्या की जाती है। अंत में यह निर्णय निकालना पड़ता है कि कौन सा पक्ष ठीक है और कौन सा ठीक नहीं है। विवेचना ऐसी होनी चाहिए कि जिसे पढ़ने वाला हमारी बातों से सहमत हो। ऐसे निबंध लिखने के लिए विषय का अधिक ज्ञान होना आवश्यक है।

जिन निबंधों में किसी बात के संबंध में कोई एक पक्ष लेना पड़ता है, वे तार्किक कहलाते हैं। यह कहा जाए कि ईमानदारी ही सर्वोत्तम नीति है, सिद्ध करें। इस प्रकार के निबंध ही तार्किक कहलाते हैं। इसे लिखना बहुत कठिन होता है, क्योंकि अनेक प्रकार के प्रमाणों से इसे सिद्ध करना होता है। विरोधी बातों का खंडन भी करना पड़ता है।

विषय का चयन

निबंध लिखने से पहले विषय का चुनाव करते समय अच्छी तरह विचार कर लें कि किस विषय का प्रतिपादन आप सबसे अच्छे तरीके से कर सकते हैं। मन में उसका एक अच्छा सा सिलसिला बैठा लें। इससे निबंध लिखने में कम समय लगेगा और वह सुंदर तथा श्रेष्ठ भी लिखा जा सकेगा। अन्यथा उसमें बार-बार काट-छांट करनी पड़ेगी और वह भद्दा लगेगा साथ ही उसमें आपका समय भी अधिक लग जाएगा।

पहले निबंध पढ़ें : श्रेष्ठ निबंध लिखने के लिए पहले आप प्रसिद्ध लेखकों के निबंधों को खूब पढ़ें और उनके लिखने की शैली का बारीकी से अध्ययन करें। श्रेष्ठ निबंध लेखकों के निबंध पढ़ने से ज्ञात होगा कि उन्होंने किस प्रकार रचना का प्रस्तुतिकरण किया है। निबंध का विकास शृंखलाबद्ध एवं क्रमबद्ध कैसे किया गया है। भाषा और शैली किस प्रकार सरल और विषय के अनुकूल रखी गई है।

निबंध की तैयारी : निबंध लिखने के लिए सबसे पहले सामग्री जुटाना एक महत्त्वपूर्ण कार्य होता है। इसके अभाव में निबंध लिखना संभव नहीं होता। आप अपने आस-पास की चीजों को ध्यान से देखें, तरह-तरह की पुस्तकें पढ़ें, लोगों से मिलें-जुलें, बातचीत करें। इससे आपका ज्ञान बढ़ेगा और शब्द भंडार भी विस्तृत होगा और जब आप निबंध लिखना शुरू करेंगे, तो तथ्यों को प्रस्तुत करने के लिए सोच-विचार में आपका समय व्यर्थ नष्ट नहीं होगा।

अभ्यास से निखार लाएं : निबंध लिखना एक कठिन कार्य है। अत: निबंध लिखने के लिए अभ्यास का होना बहुत जरूरी है। भली प्रकार गंभीरता से विचार करें कि उस विषय पर निबंध लिखने के लिए किस प्रकार के तथ्यों की आवश्यकता है। इन तथ्यों में से कुछ तो विचार करते समय आपके दिमाग में स्पष्ट हो जाएंगे और कुछ के जुटाने के लिए आपको अध्ययन की आवश्यकता पड़ेगी। इसके लिए आप दूसरे विद्वानों के लेख पढ़ें। इनमें से तथ्य जानकर मस्तिष्क में रूपरेखा बनाएं। अब इस रूपरेखा के आधार पर स्वयं निबंध लिखें। अब अपने लिखे निबंध को पुन: पढ़कर देखें। इससे आपको अपनी कमियां मिलेंगी,

जिन्हें दूर करते जाएं। इसी प्रकार कोई अच्छी कहानी, उपन्यास पढ़कर भी आप याददाश्त के भरोसे लिखने का अभ्यास कर सकते हैं।

परीक्षा में जिस विषय को चुनकर आप निबंध लिख रहे हों, उसकी मुख्य-मुख्य बातें पहले अच्छी तरह मन में समझ और बैठा लेनी चाहिए। फिर उन्हें अलग-अलग शीर्षकों के अंतर्गत बांट लें। इससे निबंध लिखने में आसानी होगी और महत्त्वपूर्ण बात छूटेगी नहीं। सब बातें क्रम से भी आ जाएंगी। केवल विषय से संबंधित बातें ही निबंध में सम्मिलित करें। व्यर्थ की बातों को विस्तार से लिखकर कापी भरने से कुछ लाभ नहीं होगा।

आकर्षक प्रस्तावना : निबंध की प्रस्तावना यानी आरंभ आकर्षक, कौतूहलवर्धक और प्रभावोत्पादक होनी चाहिए, जिसको पढ़कर परीक्षक का मन पूरा निबंध पढ़ने के लिए लालायित हो जाए। प्रस्तावना सारगर्भित और संक्षिप्त होनी चाहिए। उसका आरंभ विषय से संबंधित किसी कवि की उक्ति से, कहावत या मुहावरे से, विषय की परिभाषा से, किसी महापुरुष के विचार आदि से करना चाहिए।

महत्त्वपूर्ण मध्य भाग : निबंध का मध्य भाग सबसे महत्त्वपूर्ण होता है। यह निबंध का मेरुदंड कहलाता है, क्योंकि इसके कमजोर होने पर निबंध टिक ही नहीं पाता। मध्य में दिए गए तथ्य, उदाहरण और विचारों का क्रमबद्ध व व्यवस्थित होना आवश्यक है। इसके साथ ही यह भी ध्यान रखें कि सहज भाषा में मनोरंजक रूप से की गई प्रस्तुति अधिक प्रभावशाली होती है। ऐसी बातें न लिखें कि ऊब हो जाए।

चूंकि विषय का सारा विवेचन निबंध के मध्य भाग में होता है, अत: यह सबसे महत्त्वपूर्ण माना जाता है। विवेचन कई प्रकार का हो सकता है, जिसके आधार पर निबंध वर्णनात्मक, कथात्मक, विवेचनात्मक, तार्किक, विचारप्रधान या भावप्रधान अनेक प्रकार के कहलाते हैं।

प्रभावी उपसंहार : निबंध का उपसंहार अथवा परिणाम बड़ा ही महत्त्वपूर्ण होता है। इसे पढ़कर तृप्त हो जाएं और ऐसा अनुभव करें कि विषय से संबंधित उसने सब कुछ पा लिया हो। अत: अंत स्वाभाविक और सारांशयुक्त हो।

श्रेष्ठ निबंध की विशेषताएं

प्रत्येक विद्यार्थी यदि निबंध लेखन में पारंगत हो तो वह परीक्षा में उत्तम प्रदर्शन कर सकता है। तनिक इसकी विशेषताओं पर ध्यान दें :

- निबंध की भाषा ऐसी होनी चाहिए कि कम से कम शब्दों में अधिक से अधिक बात कही जा सके। भाषा में रोचकता और प्रवाह लाने के लिए

बीच-बीच में लोकोक्तियां, मुहावरे तथा अलंकारों का प्रयोग करने में कंजूसी नहीं करनी चाहिए। सरल व सार्थक शब्दों का प्रयोग करते हुए व्यवस्थित और सुसंगठित वाक्य लिखें।

- विषय से हटकर व्यर्थ की बातें बिल्कुल न लिखें। परीक्षा में शब्द सीमा में निबंध लिखने होते हैं, अतः सीमा पार कर लिखने में अपना समय और शक्ति नष्ट न करें।
- अंदाज से गलत जानकारी देने वाली बातें जैसे सन्, संवत्, दिनांक, पारिभाषिक शब्दों का समावेश निबंध में न करें।
- शैली प्रवाहपूर्ण, रोचक, सरस व प्रभावोत्पादक होनी चाहिए, क्योंकि शैली भावों और विचारों को पहनाया गया भाषा परिधान है। यह परिधान जितना आकर्षक होगा उतना ही अधिक निबंध का प्रभाव होगा।
- निबंध की प्रधान शैलियों में तार्किक, आलंकारिक, व्यंग्यात्मक या हास्य प्रधान, मुहावरेदार, विक्षेप या प्रलाप, समास आदि आती हैं। अच्छी शैली में प्रवाह, क्रमसंगति, प्रत्येक शब्द और वाक्य एक दूसरे के अनुकूल हो, भाषा की शुद्धता, शब्दों की पुनरावृत्ति न हो, इसका विशेष ध्यान रखें।
- विराम चिह्नों के प्रयोग में आलस्य न बरतें।

उपर्युक्त बातों का ध्यान रखते हुए, यदि आप निबंध लिखकर अभ्यास करेंगे, तो कोई कारण नहीं कि आपका लिखा निबंध श्रेष्ठ न हो और परीक्षा में आपको अच्छे अंक न मिलें।

❏❏

खंड चार
परीक्षा की तैयारी

परीक्षा ज्ञान नापने का पैमाना है

> अपनी अज्ञानता का भास ज्ञान का प्रथम सोपान है।
>
> —डिजराइली
>
> हमारी अपनी अज्ञानता का ज्ञान ही बुद्धिमत्ता के मंदिर का स्वर्ण सोपान है।
>
> —स्पर्जन
>
> परीक्षाएं तभी तक कठिन मालूम पड़ती हैं, जब तक कि उनसे परिश्रम से तैयारी कर निपटा न जाए। जी जान से उससे मुकाबला किया जाए, तो कोई कारण नहीं कि आपको मेरिट में स्थान न मिले। परीक्षा में जो सफल होते हैं, वे ही आगे बढ़कर उन्नति के शिखर पर पहुंच पाते हैं।

इसमें कोई संदेह नहीं कि विद्यार्थी के जीवन में जितनी ही परीक्षाएं आएंगी, वह उतना ही श्रेष्ठ बनता चला जाएगा। हर एक व्यक्ति को अपने जीवन में पग-पग पर परीक्षा का सामना करना पड़ता है। आए दिन, बुद्धिबल, धैर्य व कौशल की परीक्षा से गुजरना होता है। यह सब जानते हुए भी कि जीवन में हर पग पर परीक्षाएं अनिवार्य हैं, हम हमेशा उससे छुटकारा पाने का असफल प्रयास करते रहते हैं।

परीक्षा के बिना उन्नति नहीं

संसार में जितने भी महापुरुष हुए हैं या जिन वैज्ञानिकों ने भी अपने-अपने क्षेत्रों में उल्लेखनीय सफलताएं प्राप्त की हैं, उनकी जीवनी पढ़कर देखें, तो स्पष्ट हो जाएगा कि परीक्षा या कठिनाइयों से गुजरे बिना उनमें से कोई भी अपने लक्ष्य तक नहीं पहुंच सका है। परीक्षाओं से गुजरे बिना किसी भी व्यक्तित्व में कोई चमत्कार नहीं आता। अत: उन्नति पाने के लिए परीक्षाओं के दौर से गुजरना ही होगा। यदि हम किसी मुकाबले, प्रतियोगिता का सामना नहीं करेंगे,

तो हमें कैसे ज्ञात होगा कि हमारी शक्ति या ज्ञान कितना है। अत: परीक्षा को ज्ञान के मापने का पैमाना मानकर चलें, इससे घबराएं नहीं।

प्राय: देखने में आता है कि परीक्षा का नाम सुनते ही कुछ विद्यार्थी बुरी तरह घबरा जाते हैं। मानसिक संतुलन बिगड़ जाता है। शारीरिक स्वास्थ्य बिगड़ने लगता है। सुख, चैन सब लुट जाता है। ऐसी स्थिति उन विद्यार्थियों के साथ होती है, जिन्हें परीक्षा की जानकारी नहीं होती या जिनके पास पर्याप्त ज्ञान नहीं होता। जिन विद्यार्थियों को पर्याप्त ज्ञान होता है तथा परीक्षा देने का अभ्यास भी होता है, वे पूरे आत्मविश्वास से परीक्षा देते हैं और सफल होते हैं।

परीक्षा में धैर्य और आत्मविश्वास बहुत महत्त्वपूर्ण है। आत्मविश्वास की कमी में विद्यार्थी पूरा ज्ञान होते हुए भी उसका सदुपयोग नहीं कर पाते हैं। इसलिए परीक्षा से कभी घबराना नहीं चाहिए।

जो विद्यार्थी परीक्षा से घबराकर हिम्मत हार बैठता है, वह परीक्षाएं भी हार जाता है और जिसने उसका मुकाबला कर लिया, वह सफलता पा लेता है। इस प्रकार देखा जाए तो हार बैठने, असफल होने या विजयश्री और सफलता का वरण करने के लिए और कोई नहीं, विद्यार्थी स्वयं ही उत्तरदायी है। चुनाव उसी के हाथ में है कि वह सफलता को चुने या विफलता को। वह चाहे तो परीक्षा को वरदान बना सकता है और चाहे तो अभिशाप भी।

ज्ञान की कसौटी

परीक्षा ही वह उपाय है जिसके माध्यम से विद्यार्थी के ज्ञान का पता लगाकर अगली कक्षा में प्रवेश दिया जाता है। विद्यार्थी को जब परीक्षा की तिथि ज्ञात हो जाती है, तो वह उसे ध्यान में रखते हुए तैयारी तेज कर देते हैं। परीक्षा के माध्यम से ही हर विद्यार्थी अपनी योग्यता को दूसरों से श्रेष्ठ साबित करने की धुन में दिन-रात पढ़ाई में जुट जाता है। प्रतियोगिता की भावना के कारण ही विद्यार्थी मेरिट लिस्ट में आते हैं। ऐसे विद्यार्थियों का जहां जगह-जगह सम्मान होता है, अनेक संस्थान तथा व्यापारी अपनी ओर से पुरस्कार देकर उन्हें सम्मानित करते हैं तथा आर्थिक सहायता भी देते हैं।

परीक्षा से ही ज्ञात होता है कि विद्यार्थी अगली कक्षा के प्रवेश योग्य है या फिर उसी कक्षा में अधिक अध्ययन करने की जरूरत है। अनेक असफल विद्यार्थी हताश न होकर फिर से अधिक परिश्रम करके अच्छी श्रेणी प्राप्त कर अपनी कमी को दूर करते हैं, जबकि कुछ विद्यार्थी निराश होकर पढ़ना ही छोड़ देते हैं, आत्महत्या कर लेते हैं या फिर बुरी संगति में पड़कर अपना जीवन ही नष्ट कर लेते हैं।

जो विद्यार्थी परीक्षा की कला को समझ लेते हैं, उन्हें परीक्षा में प्रथम श्रेणी लाना कठिन नहीं होता। अनेक विद्यार्थियों के परीक्षा में कम नंबर सिर्फ इसलिए आते हैं, क्योंकि उन्हें इसकी कला का ज्ञान नहीं होता, जबकि उन्हें प्रश्नों के उत्तर भली प्रकार आते हैं। ऐसे ही विद्यार्थी प्रायः परीक्षा को एक हौवा मानते हैं और उससे डरते हैं।

चयन का माध्यम

परीक्षा ही वह माध्यम है जिसके जरिए मेडिकल, इंजीनियरिंग, डिप्लोमा, डिग्री, प्रशासनिक सेवाओं, नौकरी आदि में प्रवेश और चयन प्रक्रिया पूरी की जाती है, अन्यथा वैसे ही जुगाड़ से काम होता तो ज्ञान-वृद्धि में रुकावट हो जाती और भ्रष्टाचार का ही बोलबाला चारों ओर नजर आता।

◻◻

परीक्षा का भूत भगाएं

> भय सदैव अज्ञानता से उत्पन्न होता है।
> – इमर्सन
>
> मनुष्य के मन और मस्तिष्क पर भय का जितना प्रभाव होता है, उतना और किसी शक्ति का नहीं। प्रेम, चिंता, निराशा, हानि यह सब मन को अवश्य दुखित करते हैं, पर यह हवा के हलके झोंके हैं; जबकि भय प्रचंड आंधी।
> – मुंशी प्रेमचंद
>
> जिसे हारने का डर है, उसकी हार निश्चित है।
> – नेपोलियन

अधिकांश विद्यार्थी परीक्षा से डरते हैं। जिनकी पढ़ाई पूरी नहीं होती ऐसे विद्यार्थी भी परीक्षा के कुछ माह पूर्व से ही हताश हो जाते हैं। जिन्हें अपनी क्षमता पर विश्वास नहीं होता, ऐसे विद्यार्थी परीक्षा का नाम सुनते ही डरने लगते हैं। किसी का गला सूखने लगता है, तो किसी के हाथ-पैर ठंडे होने लगते हैं। किसी की भूख गायब हो जाती है, तो किसी को नींद नहीं आती। किसी को घबराहट होने लगती है, तो किसी का मानसिक तनाव बढ़ जाता है। किसी के पेट में मरोड़ उठ जाती है, तो किसी को चक्कर आने लगते हैं। यहां तक कि किसी को बुखार आ जाता है, तो किसी को डिप्रेशन घेर लेता है। इन सारे लक्षणों को चिकित्सा विज्ञान की भाषा में परीक्षा का भय, परीक्षा का भूत, परीक्षा का बुखार (इक्जामिनेशन फीवर) कहा जाता है।

परीक्षा के डर की सारी परेशानियों के पीछे मन में यही भय समाया रहता है कि कहीं मेरिट लिस्ट में नाम नहीं आया तो? कहीं फर्स्ट डिवीजन की बजाय सेकेंड या थर्ड डिवीजन न आ जाए? कहीं फेल न हो जाएं? इस डर के पीछे अनेक कारण छुपे रहते हैं। जैसे कि मेरिट में नहीं आया तो माता-

पिता, अध्यापक, मित्र, रिश्तेदार क्या कहेंगे, क्या सोचेंगे, प्रतिष्ठा खत्म हो जाएगी, नाक कट जाएगी, लोगों को क्या मुंह दिखाऊंगा आदि।

विद्यार्थियों में परीक्षा के इस भय के लिए परिवार के लोग बहुत जिम्मेदार होते हैं। सामान्यत: विद्यार्थी में परीक्षा का भय बचपन से भर दिया जाता है। सभी उससे बड़ी-बड़ी अपेक्षाएं करने लगते हैं। वे चाहते हैं कि विद्यार्थी हमेशा मेरिट में आए, फर्स्ट क्लास आए। असफल होने पर सभी डांटते हैं, ताने देते हैं, सख्त हिदायतें देते हैं। यहां तक कि आगे पढ़ाई बंद करने की धमकी तक दे देते हैं।

कई बार तो विद्यार्थी के दिमाग में यह बात भर दी जाती है कि जो परीक्षा में अव्वल दर्जे से पास नहीं होते, उनका भविष्य अंधकारमय हो जाता है। बस, इसी डर के मारे बेचारे विद्यार्थी जी जान से परीक्षा की तैयारी में दिन-रात जुटे रहते हैं। उन्हें खाने-पीने, सोने, मनोरंजन करने तक की फुरसत नहीं मिलती।

जैसे-जैसे परीक्षा का समय नजदीक आने लगता है, वैसे-वैसे विद्यार्थी को अपने चारों ओर से हिदायतें मिलनी शुरू हो जाती हैं, तरह-तरह की पाबंदियां लगने लगती हैं। टी.वी. मत देखो। यहां मत खेलो। शोर मत मचाओ वगैरह, वगैरह। इस प्रकार विद्यार्थियों पर एक तनाव हमेशा बना रहता है। जिस प्रकार अधिक खाने से बदहजमी हो जाती है, उसी प्रकार तनाव की स्थिति में बार-बार किसी कोर्स की किताबों को पढ़ने से मानसिक तनाव उत्पन्न हो जाता है। दिमाग काम करना बंद कर देता है। विद्यार्थी पढ़ने तो जाते हैं, लेकिन उनकी समझ में कुछ नहीं आता, क्योंकि उनका ध्यान ही केंद्रित नहीं हो पाता।

भय एक ऐसा शत्रु है, जो विद्यार्थी की सारी तैयारी को धूल में मिला देता है। असफलता का भय उसे हर वक्त परेशान रखता है। उसे एक चिंता खाए रहती है कि समाज, जाति और बिरादरी में वह अपनी मान-प्रतिष्ठा न खो बैठे? जो विद्यार्थी भीरु प्रकृति के भावुक होते हैं, वे परीक्षा का टाइम टेबल मिलते ही चिंता करने लगते हैं और अनजाने ही अपने आप पर एक भारी बोझ रख लेते हैं। वे हफ्ते और फिर परीक्षा के बचे दिन गिनने लगते हैं। उनकी हालत उस कैदी जैसी हो जाती है, जिसे मृत्युदंड मिला है और फांसी का दिन निश्चित हो चुका है। ऐसे विद्यार्थी दिन-रात इसी चिंता में घुलते रहते हैं। उनकी आंखों की नींद उड़ जाती है और भूख मर जाती है। उनको यह ख्याल रह-रहकर सताता है कि कहीं परीक्षा में मैं फेल न हो जाऊं या मेरा फर्स्ट डिवीजन नहीं बना तो मित्र, सगे, संबंधी, अध्यापक मजाक उड़ाएंगे और मैं उनकी नजरों में गिर जाऊंगा। ऐसी काल्पनिक असफलता तथा अपमान का भयंकर दु:ख विद्यार्थी

लंबे समय तक व्यर्थ ही भोगते रहते हैं। यह सब क्यों? सिर्फ इसीलिए कि अपने मन में भय को स्थान दे रखा है। हम कल्पित भय से अपनी पीड़ा बढ़ा लेते हैं और फिर उनके गलत परिणाम भुगतते हैं।

जो विद्यार्थी अपने परीक्षा परिणाम को लेकर भय और शंका प्रकट करते हैं, वे उतना ही अपने मन को नकारात्मक बनाते हैं और भय को आक्रमण का मौका देते हैं। परिणाम यह होता है कि उनकी शारीरिक और मानसिक शक्ति कम होती है। जब-जब वे परीक्षा से डरते हैं, परीक्षा के भेड़िए को अपने सामने खड़ा पाते हैं। जब भी वे कहते हैं, 'यह परीक्षा पास करना मेरे वश का रोग नहीं, मैं इसमें कभी सफल नहीं हो सकता'। वे असफलता को दावत देते हैं, नकारात्मक रवैये से वे अपने को परीक्षा के अयोग्य बना लेते हैं। हमारे जीवन के नियम ही ऐसे हैं कि जैसे हम सोचते हैं, जैसी तैयारी हम करते हैं, वैसे ही परिणाम निकलते हैं। जो विद्यार्थी हमेशा परीक्षा में असफलता की बात सोचता है, वह हमेशा असफल रहता है।

परीक्षा के भय से डरने वाले विद्यार्थियों को यह सोचना चाहिए कि वर्ष भर उन्होंने कक्षा में कुछ न कुछ तो पढ़ा, समझा अवश्य होगा। अत: अब जो समय बचा है, उसका पूरी तरह से सदुपयोग करने की कोशिश करनी चाहिए। इन दिनों में भय, निराशा और आलस्य को छोड़कर परीक्षा की तैयारी में पूरी लगन व आत्मविश्वास से वे यदि अध्ययन करेंगे तो निश्चित ही मेरिट में आएंगे। अपने अंदर विश्वास पैदा करें कि सफलता अवश्य मिलेगी। बस, इसी दृढ़ भावना से उत्साह और स्फूर्ति का संचार होगा। पूरे मनोयोग से किया गया कार्य हमेशा सफलता दिलाता है, ऐसा विश्वास सदैव मन में रखें।

ध्यान रखें, आपने वर्ष भर परिश्रम और लगन से परीक्षा की जो तैयारी कर रखी है, उसे कुछ मिनटों की निराशा और निरुत्साह चौपट कर सकते हैं। आप पहाड़ी से नीचे बहुत जल्दी और आसानी से उतरते हैं, जबकि आपके लिए ऊपर की ओर चढ़ना कठिन होता है। ठीक यही स्थिति आशा और निराशा की है। निराशा हमें बहुत जल्द घेर लेती है, जबकि आशा पाना ऊपर चढ़ने की तरह बहुत कठिन है। हम निराशा की पूंजी लेकर ऊपर नहीं चढ़ सकते। सफलता पाने के लिए हमें मन को आशा और आत्मविश्वास से भरना ही होगा। किंतु जिस विद्यार्थी की पूंजी ही निराशा होगी, वह कभी जीवन में सफल नहीं हो सकता।

परीक्षा की तैयारी ऐसे करें

मुझे सब कुछ आता है और मैं परीक्षा में सारे प्रश्नों के उत्तर अच्छी तरह लिख सकूंगा, इस आत्मविश्वास के साथ परीक्षा हाल में प्रवेश करने वाले विद्यार्थी को पूर्ण सफलता मिलती है। क्योंकि आत्मविश्वास वह अद्‌भुत बूटी है, जो हमारे मस्तिष्क को अनुपम एकाग्रता प्रदान कर श्रेष्ठ विचारों से समृद्ध बनाती है और सफलता का एक नवीन रास्ता दिखाती है।

परीक्षा के पूर्व चिंता और घबराहट होना हर परीक्षार्थी के लिए एक सामान्य बात है, चाहे उसे सब कुछ याद क्यों न हो। फिर जिस परीक्षार्थी ने परीक्षा की पूरी तैयारी नहीं की है, उसकी व्यथा आप समझ सकते हैं। लेकिन आप मन में यह आत्मविश्वास रखें कि वर्ष भर की तैयारी के बाद अब वह मौका आ रहा है, जब मुझे अपने ज्ञान का प्रदर्शन करना है। मैं इस परीक्षा की मेरिट लिस्ट में अवश्य पास होऊंगा।

इसमें संदेह नहीं कि प्रत्येक परीक्षार्थी के लिए परीक्षा का और उससे पूर्व का दिन काफी महत्त्वपूर्ण होता है। इसका उपयोग पहले से तैयार किए नोट्स की पुनरावृत्ति करने में गुजारना चाहिए। इस दिन कोर्स के नए प्रश्नों के उत्तर तैयार करने में अपना समय व्यर्थ न गवाएं। आपके मित्र बताएंगे कि फलां-फलां प्रश्न परीक्षा में जरूर आएंगे और यदि आपने उन्हें पहले से तैयार नहीं किया है, तो उनको तैयार करने में न जुटें। ऐसे समय में न तो वे तैयार हो पाएंगे और न ही आप पहले से तैयार पाठ्यक्रम को दोहरा पाएंगे। व्यर्थ में समय और गवां देंगे।

परीक्षा में प्रयोग आने वाली सारी सामग्री, जैसे-रबर, पेंसिल, पेन, बाल पेन, स्केच पेन, स्केल, चांदा, प्रकार, कंपास बाक्स, कैल्कुलेटर एक दिन पहले ही चेक करके रख लें। यदि कुछ कमी हो, तो पास की दुकान से मंगवा लें। हो सकता है, किसी कारणवश ऐन मौके पर दुकान खुली न मिले या जिस

चीज की आपको जरूरत हो, वह दुकान पर उपलब्ध न हो। ऐसे में परीक्षार्थी के मन में बेवजह घबराहट पैदा हो जाएगी।

रात्रि में ही सोने से पूर्व कंपास अपना प्रवेश पत्र (रोल नंबर कार्ड) रख लें। पेंसिल छीलकर, पेन में स्याही भरकर, बाल पेन में नई रिफिल फ्लो वाली चालू हालत में देखकर रखें। कहीं ऐसा न हो कि परीक्षा हाल में पेंसिल की नोक टूटी मिले, पेन का फ्लो ही न आ रहा हो या निब टूटी निकल जाए, रिफिल चल नहीं रही हो या गड़ा-गड़ाकर चलानी पड़ रही हो। इससे आप व्यर्थ ही परेशानी में आ जाएंगे। अच्छा होगा कि हर चीज चालू हालत में एक-एक एक्स्ट्रा रख लें, ताकि ऐन मौके पर एक के काम न करने से दूसरे से काम चलाया जा सके।

जहां तक हो सके बाल पेन या डाट पेन से परीक्षा न दें। एक तो इससे आपकी लिखावट बिगड़ जाएगी और कम लिखने पर भी हाथों में थकान जल्द आ जाएगी। फिर जिन्हें कापियां भरनी होती हैं, उनके तो हाथ ही जवाब दे देते हैं। इनके स्थान पर निब वाले गहरी नीली स्याही के पेन का इस्तेमाल करें। ध्यान रखें कि इनकी निब और स्याही की क्वालिटी उत्तम हो। घटिया सामग्री आपको अच्छे परिणाम न दे सकेगी।

जिनकी परीक्षा सुबह के समय है, उन्हें देर रात तक जागकर नहीं पढ़ना चाहिए, क्योंकि अधिक रात तक जागकर पढ़ाई करते रहने से सुबह आंखों में जलन, थकावट, सिर दर्द होना और परीक्षा भवन में सुस्ती छाए रहना जैसी तकलीफें हो सकती हैं। दिमागी ताजगी के लिए दस-ग्यारह बजे रात्रि में सोकर, प्रात: चार-पांच बजे उठकर अपने नोट्स को दोहराना चाहिए। इस समय की दोहरायी सामग्री परीक्षा में आसानी से याद आ जाती है। यहां तक कि वर्षों तक स्मरण रहेगी। जल्दी उठने वालों को यों भी दिन भर ताजगी का अहसास बना रहता है।

परीक्षा देने जाने से पहले स्नान अवश्य करके जाएं। इससे न केवल पढ़ाई के बाद आई थकान दूर होगी, बल्कि स्फूर्ति और ताजगी महसूस होगी। जो परीक्षार्थी बिना स्नान किए जाते हैं, उनका सिर भारी रहता है और उनमें स्फूर्ति की जगह आलस हावी रहता है।

रात्रि का भोजन हलका करें, ताकि सुस्ती न रहे और पाचन संबंधी कोई विकार आपको सुबह कष्ट में न डाले। भर पेट भोजन से प्रमाद आ जाता है और गरिष्ठ, बेसन युक्त चीजें खाने से दस्त की शिकायत हो सकती है। अत: इस बात पर विशेष ध्यान दें। परीक्षा हाल के लिए घर से निकलने के पहले

हलका नाश्ता अवश्य करें। खाली पेट जाने से भूख की पीड़ा परीक्षा के दौरान आपको कष्ट पहुंचा सकती है।

परीक्षा में प्रश्नों के उत्तर का उचित विभाजन किया जा सके, इसके लिए समय का काफी महत्त्व होता है। अत: हाथ घड़ी अवश्य पहनकर जाएं। यदि आपके पास घड़ी न हो, तो घर के किसी सदस्य की घड़ी का इंतजाम कर लें। छोटी कक्षाओं में तो पर्याप्त समय मिल जाता है, लेकिन बड़ी कक्षाओं में अधिक लिखना होता है और समय कम मालूम पड़ता है। परीक्षा हाल में बार-बार समय की जानकारी लेने से आपका समय खराब होगा, परीक्षार्थियों का ध्यान बंटेगा और आपके विचारों के प्रवाह में रुकावट आएगी। अत: घड़ी पहनना न भूलें।

घर से इस प्रकार निकलें कि परीक्षा केंद्र पर परीक्षा शुरू होने के कम से कम 10-15 मिनट पूर्व ही पहुंच जाएं। पहले दिन की परीक्षा के लिए तो आधा-पौना घंटा पहले ही पहुंचना अधिक लाभप्रद होता है, क्योंकि बैठने की व्यवस्था कैसी की गई है, रोल नंबर किस रूम में होगा आदि की जानकारी आप इत्मिनान से हासिल कर सकते हैं। कुछ परीक्षार्थी परीक्षा हाल में जब पहुंचते हैं, तब तक कापियां, पेपर बंट चुके होते हैं। इससे उनमें घबराहट पैदा हो जाती है और घबराहट में मानसिक संतुलन गड़बड़ा जाता है। भले ही देरी कुछ मिनटों की ही क्यों न हो। फिर मन के सामान्य होने में काफी समय निकल जाता है।

रोल नंबर की सीट ढूंढ़कर इत्मिनान से बैठते हुए मन ही मन सोचें कि मुझे सब कुछ आता है। अपना आत्मविश्वास बनाए रखें। निराशाजनक या बेकार के विचारों को पास न फटकने दें। जो याद करना छूट गया हो, उसे स्मरण कर पछताएं नहीं।

अपने साथ लाए नोट्स, पुस्तकें, गाइड आदि को परीक्षा हाल में अपने पास रखने की भूल न करें। उसे निरीक्षक के पास जमा कर दें। अच्छा तो यही होगा कि घर से किसी भी प्रकार की पाठ्य सामग्री साथ न लाएं, क्योंकि आपका ध्यान लिखने में होगा और कोई उन पर हाथ साफ कर जाएगा, इसकी चिंता में आपका ध्यान बार-बार निरीक्षक की टेबल पर रखी सामग्री पर बरबस चला जाएगा और धारा प्रवाह लिखने में व्यवधान आएगा।

❑❑

प्रश्नों के उत्तर लिखने में माहिर बनें

> परीक्षक पर पहले प्रश्न के उत्तर का प्रभाव सबसे अधिक पड़ता है और वह आपके ज्ञान का प्रदर्शन करता है। आपके पहले प्रश्न का उत्तर बहुत अच्छा होगा, तो शेष प्रश्नों के उत्तर कम प्रभावशाली होने पर भी अच्छे अंक मिलने की संभावनाएं बढ़ जाती हैं।
>
> यदि आपको प्रश्न पत्र कठिन लग रहा हो, तो भी हताश न हों। अपना आत्मविश्वास और संतुलन न खोएं। घबराहट में जो कुछ आता है, वह भी भूल जाएंगे। जिस प्रश्न का उत्तर आता हो, उसी से लिखना शुरू कर दें।

हर वर्ष परीक्षा की तैयारी करने वाले लाखों विद्यार्थी ऐसे होते हैं, जो बहुत परिश्रम करते हैं और अपने विषयों का अच्छा ज्ञान भी रखते हैं, फिर भी उन्हें परीक्षा की मेरिट लिस्ट में स्थान प्राप्त नहीं होता। क्योंकि उन्हें परीक्षा में प्रश्नों के उत्तर लिखने की सही तकनीक नहीं मालूम होती। परीक्षक क्या चाहता है, यह जाने बिना ही अच्छे अंकों की प्राप्ति संभव नहीं। जिन्हें इनका ज्ञान है, वे आसानी से परीक्षा की मेरिट लिस्ट में आ जाते हैं। यहां उसी तकनीक से संबंधित कुछ उल्लेख विस्तार रूप से किए जा रहे हैं जो निम्नलिखित हैं :

- उत्तर पुस्तिका मिलते ही उसे देख लें कि उसमें कोई खराबी तो नहीं है अन्यथा तुरंत कापी बदलने में संकोच न करें। फिर प्रथम पृष्ठ पर दी गई सारी सूचनाओं को पहले एक बार पूरी तरह से पढ़कर, उसी के अनुसार चाही गई जानकारियों को बड़े ध्यान से भर दें। बाद में भर देंगे, सोचकर कोई भी पूर्ति अधूरी न छोड़ें। रोल नंबर स्पष्ट रूप से अंकों और शब्दों में लिखें। कापी के प्रत्येक पृष्ठ पर नंबर डालकर स्केल और पेंसिल की सहायता से दो इंच का हाशिया (मार्जिन) छोड़कर रेखा खींच दें।

- जैसे ही प्रश्न पत्र मिले, पहले उसे शुरू से अंत तक आराम से पढ़ लें। पूरे निर्देश ध्यानपूर्वक पढ़ें। केवल उतने ही प्रश्नों के उत्तर कापी में लिखें, जितने का निर्देश किया गया हो। फिर जो प्रश्न का उत्तर सब से आसान लगे, उसका नंबर डालकर सबसे पहले उसी को लिखना शुरू कर दें। पहले प्रश्न के अच्छे उत्तर का परीक्षक पर अच्छा प्रभाव पड़ता है। प्रश्न का उत्तर लिखना शुरू करने के पहले प्रश्न का क्रमांक अवश्य डालें। प्रश्न में पूछी गई मुख्य बातों को शीर्षक डालकर देने से परीक्षक को कापी जांचते समय संबंधित प्रश्न का संकेत आसानी से मिल जाता है। जिससे उसे अंक देने में सुविधा रहती है। इन बिंदुओं से आपके ज्ञान को पहली नजरों में ही परीक्षक परख लेता है।

- जिस प्रश्न का उत्तर आप लिख रहे हैं, उसी का क्रमांक लिखें। कुछ विद्यार्थी प्रश्न दो का उत्तर दे रहे होते हैं और क्रम के अनुसार प्रश्न एक लिख देते हैं, फिर प्रश्न आठ का उत्तर लिखते समय क्रम के अनुसार प्रश्न दो लिख देते हैं। इस तरह डाले गए क्रमांक से दिए गए प्रश्नों के उत्तर सही होते हुए भी परीक्षक को भ्रमित करके विद्यार्थी को नुकसान पहुंचा सकते हैं। अत: इस संबंध में लापरवाही न बरतें।

- पहले प्रश्न के उत्तर में यदि आपका समय कुछ अधिक भी लग जाए, तो चिंता न करें। परीक्षक पर पहले प्रश्न के उत्तर का प्रभाव अधिक होता है और यह प्रश्न आपके ज्ञान का प्रदर्शन भी करता है। ध्यान रखें कि यदि आपका पहला प्रश्न बहुत अच्छा किया गया हो, तो शेष प्रश्न कुछ कम प्रभावशाली होने पर भी अच्छे अंक मिलने की संभावना बढ़ जाती है।

- कभी-कभी प्रश्न घुमा फिराकर पूछे जाते हैं, पिछले वर्षों के पैटर्न से भिन्न तरीके से पूछे जाते हैं, उनकी भाषा कुछ कठिन मालूम पड़ती है। ऐसे प्रश्न को पढ़कर अनेक विद्यार्थी घबरा जाते हैं और इस घबराहट में जो कुछ आता है, वह भी भूल जाते हैं। यदि आपको प्रश्न पत्र कठिन लग रहा है, तो भी हताश न हों। अपना आत्मविश्वास और संतुलन न खोएं। सारे प्रश्नों को एक बार फिर पढ़ें और जिस प्रश्न का भी उत्तर आपको आता है, बस उसी से लिखना शुरू कर दें। एक प्रश्न का उत्तर लिखते ही आपका आत्मविश्वास जाग उठेगा। फिर आपको ऐसा लगने लगेगा कि एक-एक करके सारे प्रश्नों का उत्तर दे सकूंगा। आपकी प्रेरणा और सूझ-बूझ का नतीजा यह होगा कि जहां आप सोच रहे थे कि परीक्षा में पास

होना संभव नहीं, आपको पास होने लायक अंक जरूर मिल जाते हैं। फिर जो प्रश्न पत्र आपको इतनी अधिक तैयारी के बाद भी कठिन लग रहा है, तो सामान्य और जिन्होंने वर्ष भर बिल्कुल ही नहीं पढ़ा, मात्र गाइड या गेस पेपर्स के बल पर परीक्षा दे रहे हैं, उनका क्या हाल होगा? ऐसे मौकों पर परीक्षक भी कापी जांचते समय नरम रुख अपनाते हैं।

- प्रश्नों का उत्तर देते समय प्रश्न में क्या पूछा गया है, उसके शब्दों पर विशेष ध्यान दें। जहां संक्षिप्त उत्तर अपेक्षित हो, वहां आप पृष्ठ भर दें और जहां विस्तृत उत्तर की अपेक्षा की जा रही हो वहां एक दो पैराग्राफ में ही आप इतिश्री कर दें। यह उचित नहीं है। इसी वजह से नंबर कम मिलते हैं और विद्यार्थी सोचता है कि मैंने सारे प्रश्नों के उत्तर दिए, फिर भी अच्छे नंबर नहीं मिले। अत: उत्तर उतना ही बड़ा लिखें, जितने की अपेक्षा की गई है। अनावश्यक बातें लिख कर कापी भरना मात्र अपना उद्देश्य न बनाएं। अच्छे नंबर पृष्ठ गिन कर नहीं मिलते, बल्कि संगत और प्रासंगिक सटीक उत्तर पर मिलते हैं। ध्यान रखें कि प्रश्न में जो पूछा गया है, उसी का उत्तर दिया जाना चाहिए। **'पूछी खेत की और बताई खलियान की'** उक्ति को चरितार्थ न करें, अन्यथा समय तो नष्ट होगा ही और नंबर भी नहीं मिलेंगे। फिर आप परीक्षक को दोष देंगे कि कापियां भरने के बाद भी पास होने तक के नंबर नहीं मिले। यदि आपकी लिखने की गति तेज है और लिखावट भी ठीक है, तो उत्तर से संबंधित बातें विस्तृत रूप में भी लिखी जा सकती हैं, परंतु ध्यान रखें कि जो कुछ भी लिखा जा रहा है वह प्रभावशाली, उपयोगी और प्रासंगिक ही हो, तभी अधिक नंबर मिलने की उम्मीद कर सकते हैं।

- परीक्षा में जितने प्रश्न हल करने हों, उन्हें ध्यान में रखते हुए समय का विभाजन अवश्य कर लें। क्योंकि छोटी कक्षाओं में तो कम लिखना होता है और तीन घंटे में पूरे प्रश्नों के उत्तर आराम से लिखे जा सकते हैं, लेकिन बड़ी कक्षाओं में भी इतना ही समय मिलता है और लिखना अधिक पड़ता है। बिना समय विभाजन के बड़ी कक्षाओं में पूरे प्रश्नों का उत्तर दे पाना संभव नहीं हो पाता। अत: इस पर पूरा ध्यान देना जरूरी है। जो विद्यार्थी पहले प्रश्न के उत्तर में ही एक घंटा लगा देता है, उन्हें शेष प्रश्नों के उत्तर लिखने के लिए काफी कम समय मिलता है।

- तीन घंटे के समय में से 5-10 मिनट पेपर पढ़ने और समझने के लिए, 10 मिनट उत्तरों की जांच करने के लिए निकाल लिए जाएं, तो लगभग

160 मिनट बचते हैं। उन्हें 5 प्रश्नों के उत्तर लिखने के लिए बांटा जाए, तो प्रत्येक प्रश्न के उत्तर के लिए 30-35 मिनट का समय निर्धारित करें। इससे अधिक समय देने का मतलब दूसरे प्रश्नों के उत्तर लिखने में समय कम करना और कम समय में दिए गए प्रश्नों के उत्तर आपको इच्छित अंक नहीं दिला पाएंगे।

- अकसर समय की कमी के कारण अनेक विद्यार्थी प्रश्नों के उत्तर आने के बावजूद पूरे प्रश्न पत्र को हल नहीं कर पाते हैं और बाद में पछताते हैं। छोड़े गए प्रश्नों के अंकों का नुकसान अलग होता है। अत: कोशिश यही करें कि निर्धारित समय के पूर्व ही सारे प्रश्नों के उत्तर लिख लें। बचे हुए समय में सरसरी निगाह से सारे प्रश्नों के उत्तर एक बार अवश्य देख लें। इससे अकसर गलतियां पकड़ में आ जाती हैं और कुछ नए प्वाइंट्स याद आ जाने पर उन्हें भी उपयुक्त स्थानों पर जोड़ने से उत्तर और अधिक प्रभावी बन जाएगा।
- प्रश्नों के उत्तर लिखते समय यथा स्थान रेखाचित्र, ग्राफ, आंकड़े, उदाहरणों का भी समावेश करते जाएं। इससे उत्तर का महत्त्व और भी बढ़ जाएगा और अच्छे अंक प्राप्त होंगे। उत्तर केवल प्वाइंट्स लिखकर ही न छोड़ दें, उन्हें परिभाषित कर साथ-साथ व्याख्या भी करते जाएं। उत्तर के बीच-बीच में उपशीर्षक भी देते जाएं, ताकि मैटर के बारे में परीक्षक को आसानी से जानकारी मिलती जाए। उत्तर देने का सही तरीका यह है कि प्रथम भाग में विषय से संबंधित परिचय के बीच द्वितीय भाग में विषय की व्याख्या के साथ पूरा ब्योरा और तीसरे भाग में मुख्य बातों का सार लिखते हुए अपनी बात पूरी की जाए।
- आजकल वस्तुनिष्ठ (Objective) प्रश्न अधिक पूछे जाते हैं, जिनका संक्षिप्त उत्तर लिखना होता है। अत: विस्तार से अध्ययन करें और जो प्रश्न पूछा गया हो, उसका बिल्कुल सटीक उत्तर दें।
- प्रश्नों की श्रेणी के अनुसार उत्तर लिखना ज्यादा प्रभावशाली होता है। संक्षिप्त टिप्पणी लिखने में कम समय लगता है, लेकिन विषय से संबंधित सारी बातों का समावेश उसमें करना चाहिए। वर्णनात्मक उत्तर में अधिक लिखना होता है, अत: समय अधिक लगता है। ऐसे प्रश्नों का उत्तर लिखते समय सभी संबंधित तथ्यों का समावेश करते हुए रोचक प्रस्तुतिकरण की ओर भी ध्यान देना चाहिए। व्याख्यात्मक प्रश्नों के उत्तर लिखते समय यह ध्यान रखें कि जब तक आपको किसी नियम या सिद्धांत की सही जानकारी न

हो, उसकी व्याख्या बिना सिर पैर की बातें लिखकर न करें। गलत जानकारी देने से नंबर मिलने की आशा करना व्यर्थ है।

- अनेक परीक्षार्थी कंजूस प्रवृत्ति के होते हैं और एक प्रश्न समाप्त होने के तुरंत बाद ही दूसरे प्रश्न का उत्तर लिखना शुरू कर देते हैं। दो प्रश्नों के बीच पर्याप्त जगह न छोड़ने से कई बार एक ही प्रश्न का लंबा उत्तर समझ कर एक ही प्रश्न के उत्तर के अंक मिल जाते हैं और परीक्षार्थी का नुकसान हो जाता है। भ्रम की स्थिति पैदा ही न हो, इसके लिए प्रश्नों के उत्तर के बीच कम से कम चार इंच का अंतर अवश्य दें और दोनों के बीच दो लकीरें अवश्य खींच दें। अच्छा होगा कि हर नए प्रश्न का उत्तर नए पृष्ठ से शुरू करें। एक ही प्रश्न के अ, ब, स, द हिस्से के उत्तर लगातार लिखे जा सकते हैं। लेकिन उनके समाप्त होने पर बीच-बीच में एक-एक लकीर खींचकर विभाजन जरूर करते जाएं।

- सुंदर मोतियों जैसी लिखावट हरेक व्यक्ति को मोहित कर लेती है, फिर भला परीक्षक इससे क्यों अछूता रहे। उसे सैकड़ों कापियां जांचनी होती हैं। ऐसे में सुंदर लिखावट की कापी जांचने में उसे काफी आसानी होती है। परिणामस्वरूप अधिक अंक मिलना स्वाभाविक है। घसीट कर, अस्पष्ट, गंदी लिखावट को पढ़ने का मन नहीं होता। परीक्षक भी सरसरी निगाह से उन्हें देखकर आगे बढ़ जाते हैं। ऐसे में बिना पढ़े अधिक अंक मिलना कैसे संभव है? अत: यदि आपको हस्तलेख अच्छा न आता हो, तो परीक्षा में खुला-खुला, साफ-साफ लिखने का प्रयास करें, ताकि आपने जो उत्तर लिखे हैं, वे पढ़ने में तो आएं।

- वैसे तो परीक्षा अवधि के तीन घंटे परीक्षार्थियों को कम ही लगते हैं, फिर भी कुछ ऐसे परीक्षार्थी होते हैं, जिन्हें परीक्षा हाल से जल्दी भागने की पड़ी रहती है। कुछ तो जल्दी-जल्दी संक्षिप्त लिखकर पेपर समाप्त कर लेते हैं और दो घंटे बाद ही कापी जमा कर घर बढ़ लेते हैं। कुछ तो प्रश्नों के उत्तर नहीं आ रहे होते हैं, तो वे भी कापी जल्दी देकर चल देते हैं। ऐसा नहीं करना चाहिए। आपको बचे हुए समय का सदुपयोग करना चाहिए। जितने प्रश्नों के उत्तर आप दे चुके हैं, उन्हें बार-बार दोहराएं। हर बार आपको उनमें कुछ कमी नजर आएगी और कोई न कोई नई बात याद जा जाएगी, उसे आप उत्तर में जोड़ते जाएं। बार-बार दोहराने से उत्तरों में गलतियां भी पकड़ में आ जाती हैं, उन्हें दूर करते जाएं। इन सब उपायों से आपको लाभ ही मिलेगा और समय का भी सदुपयोग हो जाएगा। घर जल्दी भागने में फायदा कम और नुकसान ज्यादा होगा, इसमें संदेह नहीं।

- हिंदी माध्यम से परीक्षा देने वाले परीक्षार्थियों को खिचड़ी भाषा के प्रयोग से बचना चाहिए। आधे शब्द हिंदी के और बीच-बीच में आधे शब्द अंग्रेजी लिखने का प्रभाव परीक्षक पर अच्छा नहीं पड़ता। यह सोचना कि इससे अच्छा प्रभाव पड़ेगा, आपकी भूल है, बल्कि इससे आपके अधकचरे ज्ञान का ही पता चलता है। हां, वैज्ञानिकी शब्दों को आप कोष्ठक में अंग्रेजी में लिखें तो उसमें कोई दोष नहीं। क्योंकि उनकी हिंदी कई बार कठिन होती है और प्रचलन में अधिक न होने के कारण उन्हें समझना मुश्किल होता है।
- कापी में लिखकर बार-बार काटा-पीटी न करें और न ही जगह-जगह रफ लिखकर काटते रहें। इसका प्रभाव अच्छा नहीं पड़ता। जहां तक हो सके सोच-सोचकर लिखें, ताकि काटने की जरूरत ही न पड़े। काटना पड़ ही जाए तो सीधी एक लाइन से काटें।
- गणित, विज्ञान आदि के पेपर में रफ कार्य बाएं पृष्ठ पर करें और उसके ऊपर रफ कार्य लिख भी दें। प्रश्न हल करने के बाद इस रफ कार्य को काट दें।
- कापी में प्रश्न नं., प्रश्न उतारने, हाशिया खींचने या प्रश्न समाप्ति पर लाल स्याही का प्रयोग न करें, क्योंकि परीक्षक इसी स्याही से कापी जांचते हैं, इसलिए इसका प्रयोग करना वर्जित होता है।

❏❏

परीक्षा में नकल का सहारा न लें

> आज तक कोई भी व्यक्ति नकल करने मात्र से महान नहीं बना।
> –सेमुएल जॉनसन
>
> ज्ञान एक शक्ति है। यह शक्ति नकल से कभी प्राप्त नहीं की जा सकती। परीक्षा में अक्ल का उपयोग कर पास होने वाले विद्यार्थी ही प्रतिष्ठा पाते हैं, जबकि नकलची विद्यार्थी चारों तरफ से दुतकारे जाते हैं।

आए दिन समाचार पत्रों में हजारों छात्र-छात्राओं के व्यक्तिगत अथवा सामूहिक नकल करते हुए पकड़े जाने के समाचार प्रकाशित होते रहते हैं। पहले के समय में नगण्य साहसी परीक्षार्थी ही नकल करते थे, लेकिन अब तो नकल करना आम बात हो गई है। कहीं पर चोरी से तो कहीं सीना जोरी से नकल करने का क्रम आज तक जारी है। कई परीक्षा केंद्रों में तो मिलीभगत से सामूहिक नकल होना कोई आश्चर्य की बात नहीं रही है। आज के प्रगतिशील और वैज्ञानिक युग में आए दिन नकल करने के नए-नए तरीके ईजाद होने लगे हैं।

नकल एक अपराध

जिस प्रकार रिश्वत लेना और देना दोनों ही अपराध हैं, ठीक वैसे ही नकल करना और कराना दोनों ही अपराध माने गए हैं।

आज कल तो ऐसे हालात हो गए हैं कि नकलचियों से निपटने के लिए पुलिस की चौकियां विद्यालय के परिसर में स्थापित करनी पड़ती हैं। परीक्षा मंडल के अधिकारी नित नए-नए उपाय व नए-नए नियम लागू कर शक्तिशाली उड़नदस्ते भी परीक्षा केंद्रों पर भेजकर अपना अभियान जारी रखते हैं। इसके बावजूद भी नकल करने वाले कुछ परीक्षार्थी नकल करने से बाज नहीं आते हैं।

अकल का महत्त्व

वास्तव में देखा जाए तो परीक्षा लेने का तात्पर्य यही है कि विद्यार्थी परीक्षाएं नकल से नहीं बल्कि अकल से पास करें। यह नहीं भूलना चाहिए कि '**नालेज इज पावर**' अर्थात ज्ञान एक शक्ति है। यह शक्ति नकल से कभी प्राप्त नहीं की जा सकती। परीक्षा में अकल का उपयोग कर पास होने वाले छात्र ही प्रतिष्ठा पाते हैं, जबकि नकलची छात्र चारों तरफ से दुत्कारे जाते हैं। नकल की नाव में बैठकर तो छात्र समस्याओं की मझधार में फंस जाते हैं, जबकि अकल की नाव में बैठे ज्ञान की पतवारों से लहरों को काटते हुए किनारे तक जा पहुंचते हैं।

एक व्यापारी एक घोड़े पर नमक और एक गधे पर रूई की गांठ लादे जा रहा था। रास्ते में एक नदी पड़ी। पानी में घुसते ही घोड़े ने पानी में डुबकी लगाई तो काफी नमक पानी में घुल गया। गधे ने घोड़े से पूछा–'यह तुम क्या कर रहे हो?' घोड़े ने कहा–'अपना वजन कम कर रहा हूं।'

यह सुनकर गधे ने भी पानी में दो बार डुबकी लगा ली, पर उससे वजन कम होना तो दूर बल्कि गांठ भीगकर इतनी भारी हो गई कि उसे ढोने में गधे की जान आफत में पड़ गई। बिना समझे-बूझे की गई नकल कठिनाइयां बढ़ाती हैं, सुविधा नहीं।

नकल से हानियां

परीक्षा आयोजन परीक्षार्थी की बौद्धिक क्षमता के आकलन के लिए किया जाता है। लेकिन यदि वह किसी और की नकल करके उत्तर दे दे, तो वह भले ही परीक्षा उत्तीर्ण कर ले, लेकिन उसकी बुद्धि का विकास कैसे संभव होगा। भले ही कोई परीक्षार्थी ऐसा भी मिल जाए, जो हर कक्षा में नकल के सहारे उत्तीर्ण होता रहा हो। लेकिन जब वह वास्तविक जीवन में प्रवेश करता है, तो अपनी असफलता पर रोता ही है और उसके हाथ कुछ भी नहीं लगता।

जब नकल करने वाले विद्यार्थी श्रेणी पाकर उत्तीर्ण हो जाते हैं, तब परिश्रमी विद्यार्थी के मन में बहुत ठेस पहुंचती है।

परीक्षा के दिनों में नकल करने वाले छात्र 'चिटें' बनाने में लग जाते हैं। वे यह नहीं सोचते हैं कि इसमें उनका कितना समय बर्बाद हो रहा है। जितना समय वे नकल की चिट या पर्ची बनाने में लगाते हैं, उतना ही समय यदि वे प्रश्नों के उत्तर समझने व याद करने में लगाएं, तो परीक्षा भवन में शांतचित्त से प्रश्न आसानी से हल कर सकते हैं।

इसमें संदेह नहीं कि नकल की चिटें या परचियां लिखकर ले जाने वाले छात्रों के मन में परीक्षा हाल में पकड़े जाने का भय हमेशा लगा रहता है। इसी कारण वे निश्चिंत होकर प्रश्न हल नहीं कर पाते। नकल की परची निकालने की जुगाड़ तथा मौके की तलाश में व्यर्थ ही अपना काफी समय नष्ट कर देते हैं। अत: जिन प्रश्नों के उत्तर वे अच्छे ढंग से दे सकते थे, उन्हें भी हड़बड़ाहट में नहीं लिख पाते हैं। यदि नकल करते हुए पकड़े गए, तो अध्यापकों और छात्रों के बीच बेइज्जत होने के अलावा ऐसे छात्रों के आगामी परीक्षाओं में बैठने की अनुमति न मिलने से उनका सारा कैरियर ही चौपट हो सकता है।

अकसर देखने में आता है कि जो विद्यार्थी वर्ष भर कक्षाओं में पढ़ाई पर ध्यान नहीं देते और सारा समय मौज मस्ती में गुजार देते हैं, वे ही परीक्षा के सिर पर आ जाने से उत्तीर्ण होने के लिए नकल का मार्ग अपनाते हैं, ताकि मां-बाप और परिचितों की निगाहों में न गिरें।

नकल करना एक निंदनीय कृत्य है, इसलिए नकल न करें। लेकिन किसी मजबूरी वश यदि नकल करते हुए पकड़े जाएं, तो शिक्षकों से माफी मांगने में तनिक भी संकोच न करें, जो हो गया उससे बचने के लिए अपने व्यवहार में कटुता न लाएं, अन्यथा अधिक नुकसान भुगतना पड़ सकता है। अभद्र व्यवहार और बाहर देख लेने की धमकी देना अपने पैरों पर कुल्हाड़ी मारने जैसा है। अत: इस मामले में नम्रता से ही काम लेने में भलाई है।

अकल का सहारा लें

इसमें कोई दो मत नहीं कि नकल करके मेरिट लिस्ट में स्थान कभी भी नहीं पाया जा सकता है। तीन घंटे में पूरे प्रश्नों के जवाब वही परीक्षार्थी अच्छी तरह से दे सकता है, जिसे पूरे विषय का ज्ञान है। परची, चिटों के बल पर पूरे प्रश्नों के उत्तर लिखना यूं भी संभव नहीं है। निरीक्षकों का भय आपको जो कुछ भी याद है, उसे भी भुला देगा। याद रखें कि परीक्षा में नकल का सहारा न लेकर पूरे आत्मविश्वास के साथ अपनी बुद्धि का सहारा लेना अधिक लाभप्रद होता है। परिश्रम द्वारा अर्जित अपने ज्ञान के भरोसे ही मेरिट लिस्ट में परीक्षा उत्तीर्ण करना गौरव की बात है। अत: सदैव अपने परिश्रम और आत्मविश्वास से परीक्षा दें और अपने को इस योग्य बनाएं कि आपका परीक्षाफल मेरिट में हो।

खंड पांच
मानसिक विकास

आत्मविश्वास बढ़ाएं

> आत्मविश्वास संसार में विजय प्राप्त करने की कुंजी है। यदि आत्मविश्वास होगा, तो सफलता स्वयं आकर कदमों को चूम लेगी। किसी भी विजेता के विजय का रहस्य उसमें भरा अटूट आत्मविश्वास था। विश्वास विश्व का अद्भुत चमत्कार रहा है। हमारी असफलता का कारण आत्मविश्वास में कमी है।
>
> *—स्वेट मार्डेन*
>
> आत्मविश्वास सरीखा दूसरा मित्र नहीं। आत्मविश्वास ही भावी उन्नति का मूल पाया है। अपने आपकी शुभ शक्ति पर विश्वास ही सफलता की कुंजी है।
>
> *—विवेकानंद*

विवेकानंद कहा करते थे कि बचपन में और कुछ न पढ़ाकर यदि आत्मविश्वास का ही पाठ पढ़ाया जाए, तो वह विद्यार्थी के लिए महान कल्याणकारी होगा। हममें अनंत संभावनाएं निहित हैं, हमारे भीतर स्वयं वह अनंत शक्तिधर ब्रह्म ही छिपा है। लेकिन हममें विश्वास की कमी है, इसीलिए हमारे भीतर का सुप्त शक्तिदेव जागता नहीं है। आत्मविश्वास ही वह रसायन है, जो सोए हुए इस देवता को जगा देता है। विज्ञान के आविष्कार जो कुछ वर्ष पहले असंभव से प्रतीत होते थे, आज सफल होते दिख रहे हैं, यह आत्मविश्वास का ही फल है। विश्व का इतिहास उन इने-गिने लोगों ने रचा, जिनका अपने आपमें अपनी क्षमता में दृढ़ विश्वास था। वे लोग यह मानते थे कि वे महान होने के लिए ही पैदा हुए हैं और इसलिए वे महान बने।

रमेश के मित्र ने पूछा, ''क्यों भाई रमेश, तुम्हें हाई स्कूल में सफलता मिलेगी या नहीं?'' इस पर रमेश ने कहा, ''देखो मित्र, परीक्षा तो दे रहा हूं। अब देखता हूं, क्या होता है? सफलता मिलेगी भी या नहीं, भगवान जाने।'' इतना

कहकर वह मुंह लटकाकर बैठ जाता है। यही प्रश्न सुरेश से मित्र ने किया तो उसने जवाब दिया–"सफलता क्यों नहीं मिलेगी? अवश्य मिलेगी। जब परीक्षा की तैयारी में आशा, उत्साह, सच्ची लगन तथा इच्छा-शक्ति की दृढ़ता से वर्ष भर नियमित अध्ययन किया है, तो यह हो ही नहीं सकता है कि अच्छे अंकों से सफलता न मिले।" इस आत्मविश्वास के साथ सुरेश पढ़ाई करके परीक्षा देता है और उसे मेरिट लिस्ट में स्थान पाने में सफलता मिलती है, लेकिन मुंह लटकाए बैठने वाला रमेश, जो सफलता मिलने में संदेह व्यक्त करता है, परीक्षा में असफल हो जाता है।

इसमें कोई संदेह नहीं कि आत्मविश्वास से व्यक्ति को जीवन के हर क्षेत्र में, हर कार्य में पूर्ण सफलता मिलती है। व्यक्ति को यदि यह विश्वास हो कि मैं यह लक्ष्य पा सकता हूं और पाकर ही रहूंगा। इसे पाने के लिए मैं अपनी पूरी शक्ति लगा दूंगा। मुझे इच्छित सफलता अवश्य मिलेगी, तो ऐसे दृढ़ विश्वासी व्यक्ति को सफलता अवश्य मिलती है, लेकिन जिनमें आत्मविश्वास नहीं होता, जो ढुलमुल लक्ष्य रखते हैं, वे जीवन में कभी सफल नहीं होते। तैरने वाला व्यक्ति यदि नदी की बीच धारा में यह विश्वास खो बैठे कि वह नदी पार नहीं कर सकेगा, तो यह निश्चित ही जानिए कि वह डूब जाएगा।

नेपोलियन ने आल्पस पर्वत पार करना दुर्लभ समझते हुए भी अपनी फौज में यह आत्मविश्वास और उत्साह भर दिया कि आल्पस है ही नहीं। इस दृढ़ विश्वास के साथ सारी सेना पर्वत पार कर गई। अर्जुन को युद्ध क्षेत्र में भगवान कृष्ण ने आत्मबल और आत्मविश्वास की ही प्रेरणा दी थी। अर्जुन स्वयं कहने लगे कि वे कायरता से अभिभूत होकर आत्मविश्वास खो बैठे हैं। इस पर भगवान कृष्ण ने कहा कि "हे अर्जुन! तुम्हें यह मानसिक कमजोरी शोभा नहीं देती, हृदय की दुर्बलता को छोड़कर उठो और कर्मरत हो जाओ।" जेम्स एलेन ने कहा है कि जिनके व्यक्तित्व से विश्वास और मस्तिष्क से श्रेष्ठता के भाव टपक रहे होंगे, सफलता उन्हें ही मिलेगी।

आत्मविश्वास के फायदे

आत्मविश्वास की शक्ति से ही विद्यार्थी मेरिट में आने के अपने लक्ष्य को प्राप्त करते हैं। इसके बल से ही योद्धा युद्ध में विजय प्राप्त करते हैं। महापुरुष आत्मविश्वास के सहारे ही महान बने हैं। वैज्ञानिकों ने अपनी खोजों और आविष्कारों में उसी से सफलता पाई है। व्यक्ति की सारी महत्त्वाकांक्षाएं आत्मविश्वास के बल पर ही पूरी होती हैं, डॉक्टर पर आपका विश्वास ही आधी बीमारी दूर कर देता है। साक्षात्कार में आपका आत्मविश्वास ही आपके चयन का कारण बनता

है। सफलता हमारा जन्मसिद्ध अधिकार है और यह हमें प्राप्त होकर ही रहेगा, की प्रेरणा भी आत्मविश्वास से मिलती है। आत्मविश्वास ही हमको जीवंत बनाए रखता है। यही हमें कार्य करने की प्रेरणा देता है और कार्य में सफलता का मार्ग भी दिखाता है। आत्मविश्वास के कारण हमारी शक्ति दोगुनी और योग्यता चौगुनी हो जाती है। आत्मविश्वासी का चेहरा दीप्त रहता है, उसके चेहरे पर एक विशेष प्रकार का तेज झलकता है, वह सिर उठाकर चलता है, आंखों में आंखें डालकर बुलंद स्वर में बात करता है। आत्मविश्वास हमारे मन में उत्साह की उमंगें भर देता है। दु:ख और निराशा के समय आत्मविश्वास ही ढाढ़स बंधाता है, सांत्वना देता है और हमारी सुरक्षा करता है।

आत्मविश्वास न होने से नुकसान

आत्मविश्वास खोना ही असफलता है, इसे खोकर परीक्षा में आप कभी भी मेरिट में नहीं आ सकते, इसकी कमी जीवन का सबसे बड़ा अभिशाप है। जिनमें आत्मविश्वास नहीं होता, भय का भूत उन्हें ही डराता है, मनोबल गिराता है, संदेह, संशय और वहम पैदा करता है। आत्मविश्वास की कमी से ही दूसरों से बात करने में हिचकिचाहट होती है, आंख मिलाकर बातें करने की हिम्मत जाती रहती है, बोलने में हकलाहट होती है। पुलिस स्टेशन, कोर्ट-कचहरी जाने में घबराहट होना, साक्षात्कार में चयन न होना, अनेक क्षेत्रों में सफलता न मिलना, अपनी योग्यता में संदेह करना, बात-बात में निरुत्साही होना, कोई नया काम शुरू करते समय घबराहट होना आदि आत्मविश्वास की कमी के लक्षण हैं। ऐसे व्यक्ति को कार्य में आई थोड़ी सी संकट या बाधाएं भी डरा देती हैं और वह काम को अधूरा छोड़ देते हैं। अधूरा काम छोड़कर भागने या निराशा के हावी हो जाने पर व्यक्ति आत्महत्या तक कर सकता है।

आत्मविश्वास कैसे बढ़ाएं

आपने देखा होगा कि बच्चा जब चलना सीखता है, तो वह गिरता भी है। परंतु हर बार गिरने के बाद भी वह बार-बार उठता है और फिर चलने का प्रयास करता है। इसी अभ्यास के कारण कुछ ही दिनों में वह दौड़ने में सफल हो जाता है। हां, इस प्रयास में उसे बड़ों के प्रोत्साहन की आवश्यकता अवश्य होती है। क्योंकि इन स्थितियों में माता-पिता द्वारा की गई प्रशंसा से बच्चे का हौसला बढ़ता जाता है और उसका मन उत्साह तथा आत्मविश्वास से भर उठता है। जो उसे खुशी-खुशी लक्ष्य पाने में मदद देते हैं। ध्यान रखें कि आत्मविश्वास का शत्रु भय है। अत: मन में भय का बीज न बोएं। भय

या संशय मन में आते ही हमारा आत्मविश्वास विचलित हो जाता है। संशय, भय, बहम हमारे मनोबल को गिराते हैं। जिससे हम दुर्बल बनते हैं। अत: निर्भय होकर आत्मविश्वास से अपना मनोबल बढ़ाएं। हर परिस्थिति का सामना करने के लिए सदैव तैयार रहें। कहा भी गया है कि **"मन के हारे हार है, मन के जीते जीत।"** संकट में आत्मविश्वास बनाए रखने वाला व्यक्ति ही जीवन में अपना लक्ष्य प्राप्त कर सकता है।

अपने अंदर आत्मविश्वास को जगाने के लिए सबसे पहले आत्मनिरीक्षण करें। अपनी योग्यता और क्षमता को पहचानें। उस पर पूरा भरोसा रखें। दूसरा विद्यार्थी मेरिट लिस्ट में आ सकता है, तो आप भी अवश्य आ सकते हैं। मेहनत, लगन और आत्मविश्वास से अपने हौसले बुलंद रखें। रोज रात में सोते समय और सुबह उठते समय अपने भीतर यह भाव दृढ़ता से लाएं कि मुझमें असीम शक्ति है, मेरे मन में अनंत शक्ति का भंडार है, मेरे रास्ते की सारी बाधाएं दूर होकर ही रहेंगी, मुझे परीक्षा की मेरिट लिस्ट में अवश्य आना है। इस प्रकार के चिंतन को बार-बार दोहराते रहने से आपका आत्मविश्वास दिन पर दिन दृढ़ होता चला जाएगा। आत्मविश्वास की शक्ति विकसित होते ही आपकी सारी शक्तियां संगठित होकर कार्य करने लगेंगी और आंतरिक बल अनेक गुना बढ़ जाएगा। इससे असीम उत्साह प्राप्त होगा, मानसिक योग्यताओं का अद्भुत विकास होगा। यहां तक कि आपकी कार्य शक्ति कई गुना बढ़ जाएगी। असंभव लगने वाला कार्य भी संभव हो जाएगा। आप परीक्षा की मेरिट लिस्ट में अवश्य ही आ जाएंगे।

❏❏

दृढ़ इच्छा शक्ति से लक्ष्य पाएं

> प्रत्येक शक्ति की सफलता के पीछे उसकी इच्छा शक्ति है। जहां आपका विश्वास डगमगाया, इच्छाओं के रहने के बावजूद भी आप मंजिल पर नहीं पहुंच पाएंगे। प्रत्येक असमर्थ व्यक्ति को समर्थ बनने की मूल उसकी इच्छा शक्ति में है।
>
> —स्वेट मार्डेन
>
> जैसा आपका संकल्प होगा, उसको आपके भीतर का सच्चा बल पूरा कर देगा।
>
> —स्वामी रामतीर्थ
>
> सज्जनों के संकल्प कल्पवृक्ष के फलों की भांति शीघ्र ही परिपक्व हो जाते हैं।
>
> —कालिदास

सफलता पाने में हमारी दृढ़ इच्छा शक्ति बहुत महत्त्वपूर्ण भूमिका निभाती है। संसार में जितने भी महापुरुष हुए हैं, सभी ने अपनी दृढ़ इच्छा शक्ति के बल पर ही सफलता की सीढ़ियां चढ़ी हैं। दृढ़ इच्छा-शक्ति ही हमें कठोर परिश्रम के लिए प्रेरित करती है और परिश्रम से हममें आत्मविश्वास जाग्रत होता है। इसी दृढ़ इच्छा शक्ति को जगाकर आप परीक्षा की मेरिट लिस्ट में अपना स्थान सुनिश्चित कर सकते हैं।

महात्मा गांधी ने अपने बचपन के विषय में लिखा है कि साधारण छात्रों की तरह वे भी शब्दों की स्पेलिंग भूल जाते थे। एक बार कक्षा में डिप्टी साहब निरीक्षण के लिए आए थे। उन्होंने विद्यार्थियों को लिखने के लिए कुछ शब्द दिए। महात्मा गांधी ने अंग्रेजी के 'केटल' शब्द की स्पेलिंग गलत लिखी। कक्षा अध्यापक ने उन्हें साथी छात्र की कापी से सही स्पेलिंग उतारने का संकेत दिया, लेकिन उन्होंने ऐसा नहीं किया। गांधी जी ने अपनी इच्छा शक्ति को

दृढ़ किया और एक दिन यही गांधी बैरिस्टर की परीक्षा में सम्मान सहित उत्तीर्ण हुए।

एक बार एक ऋषि ने अपने शिष्यों से पूछा–'संसार की कठोरतम वस्तु कौन सी है?'

पहले शिष्य ने चट्टान, दूसरे ने लोहा, तीसरे ने लोहे को गला सकने वाली आग को तो चौथे ने आग को बुझा देने वाले पानी को कठोरतम वस्तु बताया। तब ऋषि ने कहा–संसार की कठोरतम वस्तु है 'दृढ़ संकल्प' जो चट्टान को तोड़ सकता है। लोहे को गला सकता है, आग को बुझा सकता और पानी को भाप बनाकर उड़ा सकता है।

दृढ़ इच्छा शक्ति के बल पर ही अब्राहम लिंकन पढ़-लिखकर एक किसान के बेटे से अमेरिका के राष्ट्रपति पद तक पहुंचे। इसी बल पर जेम्स वाट ने भाप का इंजन बनाकर दुनिया को चमत्कृत कर दिया। इसी इच्छा शक्ति के बल पर एकलव्य ने धनुर्विद्या में बिना गुरु के ही द्रोण शिष्य अर्जुन से भी ज्यादा सफलता प्राप्त की। इसी इच्छा शक्ति ने बचपन में भिक्षा मांगने वाले 'रामबोला' को अमर ग्रंथ रामचरित मानस के रचयिता 'तुलसीदास' के रूप में प्रसिद्ध कर दिया। न जाने कितने लोगों के नामों से इतिहास भरा पड़ा है, जिन्होंने अपनी इच्छा शक्ति के बल पर अपनी शिक्षा पूरी की और विद्वानों की श्रेणी में अपना नाम लिखाया।

शिक्षा ही क्यों, दूसरे क्षेत्रों में भी दृढ़ इच्छा शक्ति ने अपना कमाल दिखाया है। संसार के बहुत बलशाली लोगों में लुई केर की गिनती की जाती है। बचपन में वह बहुत कमजोर और दुबला-पतला था। उनकी तमन्ना यह थी कि वह दुनिया का सबसे बलवान आदमी बने। निरंतर अभ्यास, कसरत और खानपान के बल पर वह इतना बलशाली बन गया कि उसने हाथ से दो घोड़ों को रोककर दिखा दिया। सारे दर्शकों के सामने उसे संसार का सबसे बलवान व्यक्ति घोषित किया गया। उसकी आकांक्षा पूरी हुई।

राममूर्ति हिंदुस्तान के एक बहुत ही शक्तिशाली व्यक्ति थे। वे अपनी छाती पर हाथी खड़ा कर लेते थे। एक बार जब उन्होंने कई टन वजनी पत्थर उठा लिया, तो विद्यार्थियों ने उनकी भीम की सी शक्ति का रहस्य पूछा। इस पर वे बोले–"मैंने कभी यह नहीं किया कि जब मन हुआ कोई भारी चीज उठा ली, पर मैंने किया यह कि जो बोझ मैं आसानी से उठा सकता था, वह दिन में कई बार नियम से उठाता रहा और वजन उठाने की शक्ति बढ़ती गई।"

राममूर्ति के इस उत्तर में हर प्रकार की शक्ति, लक्ष्य प्राप्ति का रहस्य छिपा हुआ है। बचपन से ही उन्हें शक्ति अर्जन की चाह बहुत अदम्य थी और वह अर्जित की। उन्होंने यह शक्ति निरंतर नियम से आसन, कसरतें करते रहने से पाई थी।

ध्यान दें कि संसार में जितने भी महान कार्य हुए हैं, वे मनुष्य की दृढ़ इच्छा शक्ति के सहारे ही हुए हैं। जिस व्यक्ति की इच्छा शक्ति में जितनी दृढ़ता होगी, वह उतना ही अधिक कार्य सक्षम होगा, क्योंकि हमारे शरीर पर इच्छा शक्ति का ही शासन चलता है। इसी की बदौलत सारी इंद्रियां अपने-अपने कार्यों में जुट जाती हैं। यहां तक कि शरीर से निर्बल व्यक्ति भी दृढ़ इच्छा शक्ति से बलवान बन जाते हैं।

परीक्षा की मेरिट लिस्ट में आने के आपके लक्ष्य में आपकी दृढ़ इच्छा शक्ति बहुत मदद करेगी। इसे पाने की आप प्रतिज्ञा करेंगे, तो मार्ग की सारी बाधाएं दूर हो जाएंगी। जैसे पहाड़ी से निकलने वाला झरना रास्ते में पड़ने वाले पत्थरों की रुकावटों को तोड़कर अपना मार्ग स्वयं बना लेता है, ठीक वैसे ही आपकी दृढ़ इच्छा शक्ति भी आपके मार्ग में कोई रुकावट नहीं रहने देगी।

याद रखें हर तरह के रचनात्मक कार्यों की जड़ आपकी इच्छा शक्ति ही है और इसका उत्पन्न होना ही कार्य की आधी सफलता का प्रतीक है। दृढ़ इच्छा शक्ति वह मानसिक शक्ति है, जो निर्धारित लक्ष्य पर अटल रहने की प्रेरणा देती है और इसके लिए जरूरी है कि आप अपने उद्देश्य तथा निर्णय पर स्वयं विश्वास रखें, अन्यथा आपकी स्थिति डांवाडोल हो जाएगी और आप अपने लक्ष्य से पिछड़ जाएंगे। कमजोर इच्छा शक्ति से क्या-क्या नुकसान होते हैं और दृढ़ इच्छा शक्ति से क्या-क्या फायदे होते हैं, यह जान लेने से बात और भी स्पष्ट हो जाएगी।

कमजोर इच्छा शक्ति से नुकसान

अपना लक्ष्य बार-बार बदलना, मन में अनेक संदेह या परीक्षा में असफल होने के विचार आना, एक विषय के काम को अधूरा छोड़कर दूसरे विषय के कार्य में लगना और फिर दूसरा विषय छोड़ तीसरा विषय पकड़ना, कल्पित रोगों से ग्रस्त होना और हर उपचार में कमी ढूंढ़ना, छोटी-छोटी कठिनाइयों से घबरा जाना, परीक्षा का भय सताना, चिंता और परेशानियों से घिरे रहना, किसी भी मामले में तुरंत निर्णय न ले सकना, अंधेरे से डरना, हीन भावना से पीड़ित होकर घृणा, द्वेष, ईर्ष्या, अवसाद और निराशाजनक विचारों में उलझे रहना जैसी स्थितियां, कमजोर, निर्बल इच्छा शक्ति के दुष्परिणाम स्वरूप ही उत्पन्न होती हैं।

दृढ़ इच्छा शक्ति के फायदे

अपने लक्ष्य पर दृढ़ता से अडिग रहना, कैसी भी कठिनाइयां या बाधाएं आएं, उन्हें दूर करते जाना, कभी हार न मानना, नवनिर्माण, नवसृजन, नवचेतना में जुटे रहना, कार्य क्षमता में वृद्धि करना, प्रतिज्ञा की पूर्ति करना, किसी भी क्षेत्र में कुशलता प्राप्त करना, संदेह, निराशा, कुकल्पनाओं, भय, चिंता, परेशानियों को बलपूर्वक दूर ढकेल कर अपने में तुरंत निर्णय लेने की शक्ति पैदा करना, लाभ की प्राप्ति, शांति, प्रसन्नता, स्वास्थ्य तथा सौंदर्य जैसे गुण और जीवन में सुखों की प्राप्ति दृढ़ इच्छा शक्ति से ही होती है।

अब आप ही विचार करें कि कमजोर, निर्बल इच्छा शक्ति रखकर परीक्षा में असफल होना चाहते हैं या दृढ़ इच्छा शक्ति के बल पर अपने मेरिट में स्थान पाकर परीक्षा में सफलता पाना चाहते हैं? निश्चय ही दृढ़ इच्छा-शक्ति को ही आपने लक्ष्य की सफलता पाने के लिए चुना होगा।

सिर्फ निर्णय लेकर ही न रह जाएं। उसे क्रियान्वित करने के लिए भी दृढ़ इच्छा शक्ति में जुट जाएं। जो कार्यक्रम आपने परीक्षा की तैयारी के लिए बनाए हैं, उसे निश्चित समय में अवश्य पूरा करें। पढ़ाई में नागा न करें। मन में निराशा के विचारों को घुसने का मौका न दें। हमेशा दिन-रात अपने लक्ष्य के बारे में ही सोचें कि मुझे मेरिट में आना ही है। ऐसा सोचने मात्र से मन में आशा, विश्वास और साहस पैदा होगा। मन की गुप्त शक्ति जागेगी। रक्त प्रवाह बढ़कर स्वास्थ्य सुधरेगा, जिससे मन में प्रसन्नता और शरीर में पुष्टता आएगी। रुकावटें और कठिनाइयां दूर भागेंगी। दूषित विकार आपका कुछ भी नहीं बिगाड़ सकेंगे। इतने सब जादू हैं सकारात्मक सोच में। सकारात्मक चिंतन ही हमें अपने महान लक्ष्य को प्राप्त करने में सहायता करता है। यही हमारे मार्ग में आई बाधाओं, कठिनाइयों और विपरीत परिस्थितियों को दूर करके हमारी आत्मा के अंदर नई शक्तियों का संचार करता है और हमारा पथ प्रदर्शन भी करता है।

इसमें कोई संदेह नहीं कि लक्ष्य का सही निर्णय ही आपके उद्देश्य और आकांक्षाओं को पूरा करता है। अत: मेरिट लिस्ट में आने के लिए दृढ़ इच्छा शक्ति को जगाएं। अपना लक्ष्य निर्धारित करें और पूरी शक्ति से उसे प्राप्त करने में जुट जाएं। सफलता आपके कदम अवश्य चूमेगी।

एकाग्रता सफलता की कुंजी है

> यदि जीवन में प्रगति और बुद्धिमानी की कोई बात है, तो वह एकाग्रता है और यदि खराब बात है, तो वह है अपनी शक्तियों को बिखेर देना।
> —*इमर्सन*
>
> अपने सामने एक ही साध्य रखना चाहिए। उस साध्य के सिद्ध होने तक दूसरी बात की ओर ध्यान नहीं देना चाहिए। रात-दिन सपने तक में उसी की धुन रहे, तभी सफलता मिलती है।
> —*विवेकानंद*
>
> एकाग्रता से ही विजय प्राप्त होती है।
> —*चार्ल्स बक्सटन*

एकाग्रता का अर्थ है अपनी संपूर्ण शारीरिक और मानसिक शक्तियों को अपने लक्ष्य पर केंद्रित कर देना। शिक्षा ही क्या जीवन के किसी भी क्षेत्र में एकाग्रता के बिना सफलता पाना असंभव है। जब तक हम अपने लक्ष्य पर केंद्रित नहीं होंगे, तब तक अपनी शक्तियों का सही उपयोग भी नहीं कर सकेंगे और आधी-अधूरी शक्ति से किसी कार्य को पूरा करना संभव नहीं हो सकेगा। अत: सफलता पाने के लिए एकाग्रता का अभ्यास करना आवश्यक है।

सामान्यत: हम एक कार्य को करते हुए दूसरे के विषय में सोचते रहते हैं और इस प्रकार हमारी शक्तियां बिखरी हुई रहती हैं। बहुत से विद्यार्थी जब पढ़ने बैठते हैं, तो उनका मन खेलने में लगा होता है और जब खेल रहे होते हैं, तो उन्हें पढ़ाई की चिंता लगी रहती है। इस प्रकार न तो वह पूरी एकाग्रता से पढ़ ही पाते हैं और न ही खेल पाते हैं। अत: दोनों ही कार्यों में से किसी में भी दक्षता प्राप्त नहीं कर पाते।

गुरु द्रोणाचार्य एक बार विद्यार्थियों की धनुष विद्या की परीक्षा लेने के लिए उन्हें एक पेड़ के पास ले गए। पेड़ पर मिट्टी की एक चिड़िया रखी गई और

शिष्यों से कहा गया कि आपको चिड़िया की आंख पर तीर से निशाना लगाना है। जो भी विद्यार्थी निशाना लगाने आता, गुरु जी उससे पूछते कि तुम्हें क्या दिखाई दे रहा है, तो विद्यार्थी बताते कि उन्हें चिड़िया के साथ-साथ पेड़-पत्ते आदि भी दिखाई दे रहे हैं। उनमें से एक भी विद्यार्थी निशाना लगाने में सफल नहीं हुआ। अंत में अर्जुन की बारी आई तो अर्जुन ने बताया कि गुरुजी मुझे तो चिड़िया की केवल आंख ही दिखाई दे रही है। अर्जुन ने निशाना लगाया। तीर अचूक निशाने पर लगा। यह थी एकाग्रता, जिसने अर्जुन को विश्व विख्यात धनुर्धर बना दिया।

एक लुहार अपने बाण बनाने की कला में इतना निपुण था कि उसके बनाए बाणों को देखकर हर कोई उसकी प्रशंसा किए बिना न रहता।

एक दिन वह बाण बनाने में तल्लीन था, तभी उसकी कर्मशाला के सामने से शहर के एक अत्यंत धनी व्यक्ति की बारात गाजे-बाजे के साथ धूमधाम से निकली। लुहार अपने काम में इतना तल्लीन था कि उसे शोर शराबा सुनाई ही नहीं दिया। कुछ समय पश्चात जब उसकी कर्मशाला में ऋषि दत्तात्रेय आए तब तक वह अपना काम निपटा कर आराम कर रहा था। उन्होंने उससे जब बारात के संबंध में पूछा तो लुहार ने कहा–''महाराज मैं तो अपने काम में जुटा था, मैंने किसी बारात को नहीं देखा।'' मैं जब अपने काम में जुटता हूं, तब उसी का हो जाता हूं, फिर मुझे किसी चीज की सुध नहीं रहती, यह सुनकर ऋषि दत्तात्रेय उस लुहार के आगे नतमस्तक हो गए और अपनी साधना में उतनी ही तल्लीनता पैदा करने में जुट गए।

ईसप की नीति कथा आपने अवश्य सुनी होगी, जिसमें लक्ष्य के प्रति एकाग्रता रखने वाले कछुए ने अपनी धीमी चाल के बावजूद तेजी से दौड़ने वाले खरगोश को दौड़ में हरा दिया। यह तो एकाग्रता के सामान्य उदाहरण हैं। अपनी चरम स्थिति में तो एकाग्रता का अभ्यास कर लेने वाले छात्र को कोई लक्ष्य प्राप्त करना असंभव नहीं रह जाता।

एकाग्रता का महत्त्व

इसमें कोई संदेह नहीं कि जीवन के हर क्षेत्र में सफलता पाने के लिए एकाग्रता का महत्त्व है। शिक्षा, खेल-कूद, परीक्षा-प्रमोशन, नौकरी-धंधा, योगाभ्यास या उपासना करनी हो, सभी क्षेत्रों में एकाग्रता से ही सफलता मिलती है। मंद बुद्धि समझे जाने वाले विद्यार्थी भी अपनी रुचि के विषय में प्रवीण पाए जाते हैं। इसका एक ही कारण है कि उन्होंने जिस दिशा में गहराई और रुचि पूर्वक सोचते रहने का प्रयास किया, उसी संदर्भ में उन्हें प्रवीणता उपलब्ध हुई।

विज्ञान में भी आविष्कार हुए हैं। वैज्ञानिकों ने इस क्षेत्र में जो प्रतिष्ठा पाई है, इन सबके पीछे एकाग्रता का ही बल है। चंचल विद्यार्थी रिसर्च का काम नहीं कर सकता। चंचल मन में आने वाले विचारों और इच्छाओं के मुताबिक बिना सोचे-समझे विद्यार्थी यदि सब कार्य करता जाए, तो उसे दीन-हीन बनते देर नहीं लगती।

ऋषि-मुनि कहते हैं कि सब तपों में एकाग्रता परम तप है। जिसके पास एकाग्रता के तप का खजाना है, वह संसार के सारे विषयों को जानना चाहे, तो जान सकता है, ऋद्धि-सिद्धियों का स्वामी बनाना चाहे, तो बन सकता है और आत्म-साक्षात्कार करना चाहे, तो उसमें भी सफल हो सकता है।

स्वेट मार्डेन ने लिखा है–"जबरदस्त एकाग्रता के बिना कोई मनुष्य सूझबूझ वाला आविष्कारक, मौलिक शोधकर्ता नहीं हो सकता और मन की एकाग्रता के समान अन्य कोई मित्र विश्व भर में नहीं है। लाख शत्रुओं ने घेर लिया हो और आपके पास एकाग्रता का बल है, तप का बल है, तो शत्रु आपका कुछ नहीं बिगाड़ सकते।"

यदि आप एक तेज बुद्धि वाले विद्यार्थी हैं, तो एकाग्रता आपकी बुद्धि को और भी सहारा देकर प्रखर बनाएगी। आपकी मानसिक दक्षता को बढ़ाएगी, यथार्थ ज्ञान प्राप्त करा देगी। स्मरण-शक्ति को सहायता पहुंचाएगी। परीक्षा में मेरिट लिस्ट से सफलता पाने के लिए मन की एकाग्रता बहुत जरूरी है। मन की दृढ़ इच्छा शक्ति को किसी एक कार्य पर पूर्ण रूप से केंद्रित करने को एकाग्रता कहते हैं। एकाग्रता, आत्मविश्वास एवं पुरुषार्थ ये तीनों गुण महान कार्यों में व्यक्ति को सफलता दिलाते हैं। विश्व के महान व्यक्तियों ने सदा इन तीनों गुणों को अपनाया है। आप भी अपने जीवन में इन गुणों को अवश्य अपनाएं।

अनेक विद्यार्थी अपनी परीक्षा में इसलिए असफलत होते हैं कि वे एक बार में विभिन्न कार्यों में हस्तक्षेप करके अपनी एकाग्रता को खंडित कर देते हैं। यदि वे अपनी समस्त शक्ति का उपयोग एक ही दिशा में, किसी एक ही कार्य, जैसे विद्याध्ययन में ही लगाएं, तो उन्हें सफलता अवश्य मिलेगी। हां, एकाग्रता का मूल्य उसके पीछे रहने वाली इच्छा और श्रद्धा पर अवलंबित होता है। आपकी परीक्षा में मेरिट लिस्ट में आने की इच्छा नहीं है, तो फिर आप में एकाग्रता का होना भी संभव नहीं है।

एकाग्रता में बाधाएं

आंतरिक और बाह्य दो प्रकार की बाधाएं एकाग्रता में आती हैं। आंतरिक बाधाओं में मन का चंचल होना, स्वाभाविक आलस्य, मन के भटकने की ओर

स्वाभाविक झुकाव, कठिन परिश्रम के प्रति अनिच्छा, थकावट, चिंता, घबराहट और रुचियों की बहुतायत आती हैं। जबकि बाह्य बाधाओं में शोरगुल, अनुपयुक्त प्रकाश, असुविधाजनक कुर्सी, बैठने की उचित व्यवस्था न होना आदि आती हैं।

एकाग्रता कैसे प्राप्त करें?

यों एकाग्रता का मतलब कार्य में मन की तन्मयता से होता है, जो कुछ विद्यार्थियों में जन्मजात होती है और कुछ को साधना या बार-बार के प्रयास के बाद प्राप्त होती है। एकाग्रता की आदत पड़ जाने के बाद विद्यार्थी किसी भी विषय में पारंगत हो सकता है। अपनी रुचि के अनुसार वह डॉक्टर, इंजीनियर, वकील, कुशल प्रशासक, चित्रकार, व्यापारी, कलाकार, वक्ता आदि बन सकता है। परीक्षा मेरिट लिस्ट में पास कर सकता है, लेकिन यह सब तभी संभव है, जब हमारा उद्देश्य निश्चित हो और उद्देश्य की प्राप्ति के लिए हम बेचैन हों।

आप ऐसी चीज पर अपना मन केंद्रित नहीं कर सकते, जिसके लिए आपके मन में रुचि न हो, उत्साह न हो, लगाव न हो अथवा जिसका आपके व्यक्तित्व के विकास से संबंध न हो। मन की एकाग्रता में पड़ने वाली आंतरिक और बाह्य बाधाओं को दूर करके तथा अपना मेरिट में आने का लक्ष्य सामने रखकर मन, बुद्धि और शरीर उसकी पूर्ति में लगा देना ही एकाग्रता है और यही एकाग्रता सफलता की कुंजी है। यही आपको मेरिट लिस्ट में स्थान दिलाने का सर्वश्रेष्ठ माध्यम है।

❐❐

मानसिक विकास के 21 टिप्स

> *जिस मनुष्य की बुद्धि का विकास नहीं होता या अविवेकी होता है, वह मनुष्यता से गिर जाता है।*
> — कौटिल्य
>
> *भगवान ने बुद्धि की कोई सीमा निर्धारित नहीं की।*
> — बेकन
>
> *अच्छी तरह सोचना बुद्धिमानी है और अच्छी तरह काम को पूरा करना सबसे अच्छी बुद्धिमानी है।*
> — फारसी कहावत
>
> *बुद्धिमान विवेक से, साधारण मनुष्य अनुभव से, अज्ञानी आवश्यकता से और पशु स्वभाव से सीखते हैं।*
> — सिसरो

परीक्षा की मेरिट में स्थान पाने के लिए आपके व्यक्तित्व का स्वांगीण विकास होना बहुत आवश्यक है। किसी भी कार्य में सफलता पाने के लिए उस कार्य के प्रति आपकी रुचि का जाग्रत होना, लक्ष्य का स्पष्ट होना, लक्ष्य को पाने के लिए आवश्यक परिणाम का अनुमान लगाना, परिश्रम को पूरी तरह करने के लिए समय का विभाजन करना, फिर एकाग्रता के साथ अभ्यास करना और बार-बार अपने कार्य की समीक्षा करना आदि ऐसे अनेक पहलू हैं, जिन पर योजनाबद्ध रूप से कार्य करके ही आप जीवन में सफलता प्राप्त कर सकते हैं। सफलता पाने के लिए अनेक सफल व्यक्तियों द्वारा किए गए प्रयासों पर गहन चिंतन और मनन के बाद हमने कुछ मुख्य बिंदु चुने हैं। आपकी सुविधा के लिए हम ऐसे 21 मुख्य बिंदुओं को टिप्स के रूप में प्रस्तुत कर रहे हैं :

1. नियम बनाएं : किसी भी कार्य को सफलतापूर्वक संपन्न करने के लिए जीवन में नियम बनाना और उनका पालन करना बहुत आवश्यक है। नियम

ही हमें अनुशासनबद्ध करते हैं और हमारे कार्य करने की क्षमता का विकास करते हैं।

जो कार्य नियमपूर्वक किया जाता है, वह अवश्य सध जाता है और उसमें सफलता मिलती है। नियम का अभ्यास होने पर निश्चित समय आते ही स्वयं ही आपकी शक्ति कर्तव्य की पूर्ति में जुट जाएगी। क्या अध्ययन, क्या चिंतन, क्या लेखन, क्या स्वाध्याय सबके लिए यही विधान है। इसीलिए प्रतिदिन नियम से कार्य करना जरूरी होता है। जीवन की परीक्षा हर समय है, ऐसा समझें और लक्ष्य प्राप्ति के लिए निश्चित योजना बनाकर चलें। नियम पालने में सबसे बड़ी बाधा आती है–आलस्य। आलस्य के सामने आप जितना झुकेंगे, उतना ही वह और प्रबल होता जाएगा। आज के कार्य को कल पर टालना नियम पालन का दूसरा दुश्मन है। आप निश्चय करते हैं कि आज से 8 घंटा पढ़ना शुरू करेंगे, लेकिन वक्त आने पर कोई बहाना ढूंढ़कर इस कार्य को कल से नियमित कर लेंगे, यह सोचकर कार्य आगे बढ़ा देते हैं। कल कभी नहीं आता। कल परसों में और परसों बरसों में बदल जाता है और वह कार्य कभी पूरा नहीं हो पाता। अत: आज के कार्य को आज ही करें।

यदि आपको जीवन में कुछ बनकर दिखाना है, तो नियमों के अनुसार जीवन को ढालना ही होगा। प्रारंभ में कठिनाइयां जरूर आएंगी, लेकिन जब नियम का अभ्यास हो जाएगा तब हर काम में आपको सफलता मिलनी शुरू हो जाएगी। ऐसा लगेगा कि नियम वास्तव में नीरसता लिए हुए नहीं है, बल्कि इसमें सरसता है, लय है, शक्ति है और प्रगति है। आवश्यकता है, तो बस इन्हें दृढ़ता से अपनाने की।

अत: यदि आपको परीक्षा में प्रथम आना है या मेरिट में स्थान पाना है, तो आज ही से अपने अध्ययन करने, सोने, जागने, खेलने और मनोरंजन करने के लिए निश्चित नियम बनाएं और इन नियमों का दृढ़ता से पालन करें।

2. नया सीखते रहें : हेनरी फोर्ड का कहना था कि जिस व्यक्ति ने नया सीखना बंद कर दिया, समझो वह बूढ़ा हो गया। चाहे वह 25 साल का जवान ही क्यों न हो। जिस व्यक्ति में हमेशा नया सीखने की उत्सुकता रहती है, वह ही युवा बना रहता है। हर समय नया सीखते रहने की प्रवृत्ति आपके मानसिक विकास के लिए बहुत लाभदायक है, क्योंकि अपने क्षेत्र में जिसकी जितनी नई जानकारी होगी, वह उस क्षेत्र में उतना ही अधिक सफल होगा और उतना ही प्रभावशाली होगा। अत: हर क्षेत्र में नई-नई बातें सीखने से ही आपका जीवन सफल होगा। जो छात्र यह सोचता है कि उसे सब कुछ जानकारी है,

वह अहंकार के कारण उचित परिश्रम नहीं करता और मेरिट में आने में सफल नहीं हो पाता है। ध्यान रखें कि संसार में होने वाली नित नई प्रगति के ज्ञान के साथ जो नहीं चलता, वह हर क्षेत्र में पिछड़ जाता है। क्योंकि किसी भी काम को सुचारु रूप से संपन्न करने के लिए उपयुक्त शक्ति की आवश्यकता होती है। यह शक्ति आती है ज्ञान से और ज्ञान आता है सतत् अध्ययन से।

आज आप जहां हैं, वहीं नहीं रहना चाहते तो आगे बढ़िए। अपनी उन्नति के लिए सीखने से इनकार मत कीजिए। अपने मित्रों, सहपाठियों या बड़ों से आप जो कुछ नया सीख सकते हैं, सीखिए। इस तरह हमेशा कुछ न कुछ सीखते रहने से आप ज्ञान में वृद्धि कर अपना मानसिक विकास कर सकते हैं। ज्ञान ही वह शक्ति है, जिससे आत्मविश्वास पैदा होता है। आत्मविश्वास ही सफलता का आधार है। अत: मेरिट में आने के लिए निरंतर सीखते रहने की आदत बना लेने में ही आपका लाभ है।

3. मनोबल बढ़ाएं : अगर इच्छा हो, मनोबल ऊंचा हो, तो इच्छित कार्य अवश्य पूरा होता है। जीवन संघर्ष में हर व्यक्ति को अनेक कठिनाइयों और समस्याओं का सामना करना पड़ता है। लेकिन मनोबल ऊंचा रख कर इन कठिनाइयों और समस्याओं पर काबू पाया जा सकता है। आपने देखा होगा कि अनेक निर्धन और साधनहीन छात्र भी अपने परिश्रम से मेरिट में स्थान पा जाते हैं, जबकि अनेक साधन संपन्न छात्र परिश्रम और मनोबल के अभाव में परीक्षा में असफल हो जाते हैं। इसका एकमात्र कारण है, मनोबल का अभाव।

संसार में मनोबल ही सफलता का प्रधान घटक है। वह जाग उठे तो असहाय प्राणी भी कठिन से कठिन कार्य में सफल हो सकता है। संकल्प और निश्चय तो अनेक छात्र करते हैं, पर उस पर टिके रहना और उनका निर्वाह करना हर छात्र के बस की बात नहीं है। विरोध, बाधा के सामने कितने ही हिम्मत हार बैठते हैं। किसी न किसी बहाने पीछे लौट पड़ते हैं। पर परिस्थितियों से लोहा लेकर आगे बढ़ने वाले विरले ही छात्र होते हैं। इन विरलों के पीछे होता है– मनोबल। जब तन अस्वस्थ होता है, तब मन ही उसे शक्ति प्रदान करता है। मनोबल एक अपूर्व संपदा है, इसे बढ़ाएं। परीक्षा की मेरिट में आने के लिए यह अत्यंत महत्त्वपूर्ण है।

4. हीन भावना दूर करें : दुनिया में लाखों-करोड़ों छात्र अपनी हीन भावना के कारण दब्बू और भीरु बने रहते हैं। उनकी हीन भावना उन्हें कभी ऊंचा उठने नहीं देती। वह अपने कार्य क्षेत्र में सामान्य नहीं रह पाते। चिड़चिड़ापन, अकारण क्रोध, रोब जमाने की प्रवृत्ति मन पर हावी हो जाती है। अपने को

दूसरों से हीन समझने की भावना गलत विचारधारा का परिणाम होता है, चाहे वह बचपन में पैदा हुई हो या बाद के अनुभवों के कारण बनी हो।

यदि आपमें कोई कमी है, तो यह सोचने मात्र से दूर नहीं होती। इसे दूर करने के लिए अपनी कमी को पहचानें, फिर अपनी शक्तियों को समझकर सकारात्मक दृष्टिकोण अपनाएं। फिर भविष्य के प्रति आशावान रहकर अपना आत्मविश्वास जागृत करें और फिर पूरे उत्साह और परिश्रम से अपना लक्ष्य पाने में जुट जाएं, तो हीन भावना से निश्चित ही छुटकारा मिल सकता है। अपने क्षेत्र में विशेषता पा लेने पर यूं भी हीनभावना अपने आप दूर हो जाती है।

5. संकोच न करें : चाणक्य नीति में कहा गया है कि धन और अन्न के उचित प्रयोग में, विद्या अध्ययन करने में, भोजन के समय और अन्य सामान्य व्यवहार में जो पुरुष संकोच न रखेगा, वह सदा सुखी रहेगा। आपने दैनिक जीवन में भी देखा होगा कि अनेक छात्र सामान्य से सामान्य व्यवहार में भी संकोच करते हैं। शिक्षकों से साफ-साफ बात करने में, कक्षा में प्रश्न पूछने में, प्रश्न का उत्तर आने पर बताने में भी संकोच करने वालों की कमी नहीं है। शर्मीले, संकोची विद्यार्थियों में भले ही अनेक गुण हों, लेकिन उन्हें पूरी सफलता नहीं मिलती। आत्मविश्वास की कमी उनकी योग्यता पर संदेह उत्पन्न करती है। परिणाम यह होता है कि इस कायरता से उनकी मौलिकता के गुणों की क्षमता दब जाती है।

अनेक बुराइयों की तरह ही संकोच या शर्म करना भी आपकी कल्पना की ही उपज होती है। इसे दूर करने के लिए गोष्ठियों में जाएं, सामाजिक कार्यों में जाकर लोगों से मिलें-जुलें। प्रतियोगिताओं में भाग लें, जिम्मेदारी का काम हाथ में लें। अन्य छात्र, अध्यापक और लोग-बाग आपके बारे में क्या सोचते हैं, इसकी परवाह न करते हुए अपनी हीन भावना को दृढ़ शक्ति और परिश्रम से दूर करें।

6. नम्रता की शक्ति : दुनिया में जितने भी महान व लोकप्रिय व्यक्ति हुए हैं या हैं, उनके जीवन की जानकारी प्राप्त करें, तो ज्ञात होगा कि उनके चरित्र में अन्य गुणों के साथ-साथ नम्रता का गुण प्रधान रहा है। नम्रता का गुण अपने अंदर कोमलता, धैर्य, उदारता और कृतज्ञता के भावों को सहेज कर रखता है। भौतिकता की अंधी दौड़ में आदमी ने नम्रता का दामन छोड़कर अहंकार वृत्ति अपना ली है। अहंकार मनुष्य को नष्ट कर देता है। परम वैभवशाली रावण का नाश अहंकार के कारण ही हुआ था।

जिन छात्रों में नम्रता नहीं आती, वे विद्या का पूरा सदुपयोग नहीं कर पाते। कहा गया है कि विद्या मनुष्य को विनम्र बनाती है, नम्रता के अभाव में महानता थोथी है और बौनी बन जाती है। आत्मसुधार की पहली आवश्यकता है अपने दोषों को स्वीकार करना, जो नम्रता से ही संभव है। ध्यान रखें कि नम्रता और कायरता में बहुत अंतर है। कुछ छात्र नम्रता को कमजोरी या कायरता का प्रतीक समझते हैं, किंतु वास्तव में नम्रता आपके बड़े होने की पहली पहचान है। व्यक्ति जितना समर्थ होता जाता है, उसमें नम्रता का गुण बढ़ता जाता है। नम्रता शक्तिशाली और सामर्थ्यवान व्यक्ति को ही शोभा देती है। इसलिए अपना लक्ष्य सदैव ऊंचा बनने का रखें और व्यवहार में न्रमता लाएं।

7. धैर्य रखें : कुछ कार्य सरल होते हैं और झट से हो जाते हैं, जबकि बहुत से कार्य अधिक कठिन और समय साध्य होते हैं, जिनके पूरे होने में समय लगता ही है। जैसे कि परीक्षा या आपका कोई भी लक्ष्य। मान लीजिए आप परीक्षा की मेरिट में आना चाहते हैं, तो इसके लिए आपको परीक्षा होने तक पूरे वर्ष लगातार धैर्य रखकर गहन अध्ययन करना पड़ेगा और परीक्षा के बाद परीक्षा परिणाम के लिए भी प्रतीक्षा करनी पड़ेगी। यदि आपने डॉक्टरी या इंजीनियरिंग में जाने का निर्णय लिया है, तो पहले उसकी प्राथमिक योग्यताएं प्राप्त करने के लिए धैर्य के साथ अध्ययन करना पड़ेगा। भले ही इस कार्य में कई वर्षों का समय क्यों न लगे। अत: विद्यार्थी को सदैव धैर्य बहुत आवश्यक है। यदि आपमें धैर्य नहीं है, तो आपकी चंचलता आपको एकाग्र नहीं होने देगी। ऐसी स्थिति में आप अपनी शक्तियों को एक ही कार्य में नहीं लगा पाएंगे और उचित परिणाम के अभाव में परीक्षा की मेरिट में आने से वंचित रह जाएंगे। अत: खासकर छात्रों को धैर्य की बहुत जरूरत होती है, क्योंकि धैर्य होगा तो हम निरंतर प्रयत्नशील रह सकेंगे, वरन् धैर्य छूट जाने पर निराश होकर काम को अधूरा छोड़ देंगे। पेड़-पौधों में कितना ही खाद, पानी दो, वे समय से ही फल देते हैं और फल भी समय से ही पकते हैं, तभी उनमें स्वाभाविक मिठास आती है। इसीलिए कहा जाता है कि सहज पके सो मीठा होय, यानी कि हर कार्य के पूरा होने का अपना एक समय होता है। उस समय को धैर्य से काटें। इसी प्रकार हर काम अपना समय लेता है।

धैर्य बहुत बड़ा बल और उतावलापन यानी अधैर्य बहुत बड़ी निर्बलता है। इसीलिए धैर्य बना रहे, इसके लिए स्थिर बुद्धि होना बहुत जरूरी है। धैर्य टूट जाना वैसा ही होता है, जैसे कोई रस्सी के सहारे ऊपर चढ़ रहा हो और बीच में ही धैर्य रूपी रस्सी टूट जाए। ऊपर तक पहुंचने के लिए धैर्य रूपी रस्सी का न टूटना अनिवार्य है। इसलिए धैर्य की रस्सी को मजबूत करें।

धैर्य की प्रशंसा तो सभी छात्र करते हैं, लेकिन जीवन में इसे कम ही छात्र उतारते हैं। सद्‌गुणों की सूची में धैर्य का गुण सर्वोपरि होता है। धैर्य के कारण ही आपत्ति में व्यक्ति साहस नहीं छोड़ता। निराशा में घबराता नहीं। विचलित हुए बगैर लगन से काम करते रहना ही धैर्य है। पढ़ाई में माहिर होने के लिए बहुत धैर्य चाहिए। यदि पढ़ने और पढ़ाने वाले में धैर्य न रहे, तो हो सकता है कि अधीरता से पढ़ाई ही बंद हो जाए।

8. आशावादी बनिए : संसार के सारे कार्य आशाओं पर चलते हैं। यदि आशाएं न होतीं, तो संसार नीरस और निश्चेष्ट सा दिखाई देता। आपकी आशाएं ही शक्ति का संचार करती हैं। आपकी प्रत्येक उन्नति, जीवन की सफलता तथा जीवन लक्ष्य की प्राप्ति का संचालन आशाओं द्वारा ही होता है। आशाओं के सहारे ही आप घोर विपत्तियों में दुश्चिंताओं को हंसते-हंसते जीत सकते हैं। आशावादी छात्रों को हर कठिनाई में भी किसी सुअवसर के दर्शन होते हैं, किंतु निराशावादी छात्रों को हर सुअवसर में भी कठिनाई और बाधा ही दिखाई पड़ती है।

आशावादी व उत्साहपूर्वक दृष्टिकोण अपनाकर आप चिंता, भय और अनेक बीमारियों को अच्छी तरह निकाल फेंकने में समर्थ हो सकते हैं। आशावादी दृष्टिकोण आपको हंसते-हंसते जीवन जीना सिखाएगा। दुखों से घिरे रहने पर भी आशावादी दृष्टिकोण के बल पर आप प्रसन्न रह सकते हैं। आशा ही वह संबल है, जिसके आधार पर आप परीक्षा की मेरिट में अपना स्थान सुनिश्चित कर सकते हैं।

9. कार्य को कल पर न टालें : अंग्रेजी में एक कहावत हैं-'टुमारो नेवर कम्स' मतलब यह कि कल कभी नहीं आता। इसके बावजूद अधिकांश छात्रों की पढ़ाई कल के भरोसे चलती है। यह जानते हुए भी कि पढ़ाई टलने की आदत बहुत खराब होती है, अधिकांश छात्र इस ओर ध्यान नहीं देते हैं। असंख्य छात्र जिनमें सफलता के शिखर पर चढ़ जाने की योग्यता थी, जिंदगी भर असफल बने रहे। क्योंकि उनमें ठीक काम को ठीक समय पर करने की तत्परता नहीं थी।

जिस छात्र ने आज का उपयोग उचित रूप से करना सीख लिया, समझो उसने जीवन की बाजी जीत ली। हार का मुंह तो उन्हीं छात्रों को देखना पड़ता है, जो आज की पढ़ाई कल पर टाल देते हैं। जो दृढ़ निश्चयी होते हैं, वे आज का काम कल पर कभी नहीं टालते और अंत में वे ही मेरिट में स्थान पाकर जीवन में कुछ कर गुजरते हैं। तुम्हें जो कुछ करना है, अभी करो। छोटे-छोटे कामों को तुरंत निर्णय लेकर निपटाओ। पढ़ाई का काम अधिक होने पर

प्राथमिकता निश्चित कर, एक-एक हर कार्य निपटाएं। ज्यों-ज्यों काम निपटता जाएगा, आपका उत्साह बढ़ता जाएगा और मन का बोझ हलका होता जाएगा।

10. बोलने का ढंग : किसी भी छात्र की योग्यता, विद्वता और बुद्धिमत्ता या इसके विपरीत कहें तो अयोग्यता, अज्ञानता और मूर्खता का पता तब तक नहीं चलता, जब तक वह बोले नहीं। बोलने से उसकी काबिलीयत तो प्रकट होती है, साथ ही उसकी सभ्यता और संस्कृति आदि के विषय में भी पता चल जाता है। आकर्षक ढंग से बात करने वाले छात्र की ओर हर कोई खिंचा चला आता है। ऐसे छात्रों के मित्रों और परिचितों का दायरा भी बढ़ता जाता है, इसके विपरीत अशिष्ट व व्यंग्यात्मक तरीके से बोलने वाला छात्र अकेला होता चला जाता है।

बोलने में कुशलता और प्रभाव पैदा करने के लिए सबसे जरूरी बात है, मधुरता और विन्रमता। ऐसी वाणी को सुनने वाला प्रसन्न, संतुष्ट और प्रभावित होता है, जबकि कठोर, कटु और अप्रिय वाणी से विरोध, कटुता, शत्रुता और कलह पैदा होती है। अधिक बोलने वाला व्यक्ति कहीं न कहीं चूक जाता है। अत: बातचीत करते समय यह आवश्यक है कि जो कुछ कहा जाए, उतना ही कहा जाए, जितना आवश्यक हो। कोई ऐसी बात न कही जाए, जिससे सामने वाले का अपमान हो। ठीक यही नम्रता और शिष्टता लिखने में अपनाएं। आपका सधा हुआ लेखन परीक्षक को प्रभावित करके आपको अच्छे अंक दिला सकता है।

11. परोपकार करें : सच्ची शिक्षा ज्ञान विनम्रता और परोपकार की भावना सिखाती है। ज्ञान का सच्चा उपयोग परोपकार में ही है। यदि चिकित्सा की विधि सीखकर आप डॉक्टर बन जाएं, किंतु अपने ज्ञान का उपयोग दूसरे के रोग दूर करने में न करें। तो ऐसी शिक्षा से क्या लाभ? अत: परोपकार की भावना विकसित करना आपका पहला धर्म है। परोपकार के लिए अपना सर्वस्व बलिदान करना ही सच्ची महानता है। यही धर्म है, यही पुण्य है। कई व्यक्ति सोचते हैं कि हमें अपने मतलब से मतलब रखना चाहिए। दूसरे के दुख-दर्द में सहायक बनने, दूसरों की समस्याओं में सिर खपाने से क्या लाभ? मानवता का उद्देश्य है कि हम अपने कल्याण के साथ दूसरों के कल्याण की बात भी सोचें।

परोपकारी प्रवृत्ति के कारण ही संसार का कार्य चल रहा है। किसी के साथ भलाई करके उसका मूल्य न चाहना ही परोपकार की सच्ची भावना है। अपकार करना तो सहज है, परंतु परोपकार करना बहुत कठिन होता है। सफल जीवन जीने के लिए छात्रों को अपने अंदर इस गुण को विकसित करना चाहिए।

12. बुरी आदत छोड़ें : जो आदत आपके तन और मन पर बुरा प्रभाव डालती है, आपको लक्ष्य से हटाती है या समाज में आपका सम्मान गिराती है, वह ही बुरी आदत है। अपनी उन्नति और सम्मान के लिए बुरी आदतों को तत्काल छोड़ देना चाहिए और उनके बदले अच्छी आदतों को विकसित करना चाहिए।

बहुत से छात्र पान, तंबाकू, गुटका, धूम्रपान, आलस्य तथा लापरवाही जैसी अनेक बुरी आदतों के शिकार हो जाते हैं। परिणाम यह होता है कि वे अपने कार्य पर पूरा ध्यान नहीं दे पाते और परीक्षा की मेरिट में आने से रह जाते हैं। इसलिए बुरी आदतों को छोड़कर आज ही अच्छी आदतों को अपनाएं। आरंभ में आप मात्र चार आदतों को अपने जीवन में अपनाकर प्रगति कर सकते हैं। ये हैं—नियमितता, सत्यता, स्थिरता और शीघ्रता। नियमितता के अभाव में समय नष्ट होता है, सत्यता के अभाव में दूसरों की अपेक्षा अधिक हानि उठानी पड़ती है। स्थिरता के न होने से कोई कार्य नियमानुसार पूरा नहीं किया जा सकता है और शीघ्रता को अमल में न लाने से व्यक्ति जीवन में भली प्रकार से उन्नति नहीं कर सकता है।

अच्छी आदतों को स्वीकार करते हुए बुरी आदतों को त्याग करते जाने पर ही हम सुखी हो सकते हैं। अच्छी आदतें सीखने के लिए किसी विशेष आयु की प्रतीक्षा नहीं करनी चाहिए वरन् अच्छी आदतों को अपनाने के लिए सदैव तैयार रहना चाहिए। आदतें स्वनिर्मित होने के कारण उन्हें संकल्प शक्ति से बदला या हटाया जा सकता है। अभ्यास और मनोयोग से नियमपूर्वक करने पर हर कार्य सीखा जा सकता है। जीवन में उन्नति करने का यही श्रेष्ठ नियम है। इसे अपनाकर आप भी सफल जीवन जी सकते हैं।

13. भूलों से सबक लें : संसार में ऐसा व्यक्ति खोजना मुश्किल है, जिससे जीवन में भूल न हुई हो। अपनी भूलों को हम आसानी से स्वीकार नहीं करते, जबकि हमारी भूलें सद्गुणों के सीखने का अभिन्न अंग हैं। ये हमारे लिए सफलता की सीढ़ी हैं। भूल करना कोई अपराध नहीं है, जब तक कि आप उनमें सुधार करने का प्रयत्न करते रहते हैं। आपकी भूलें यही दर्शाती हैं कि आपको सफलता पाने के लिए और कितना परिश्रम करना शेष है। अपनी भूल मान लेने से यह फायदा होता है कि हम वैसी भूल दुबारा नहीं करते और इस प्रकार अपने में सुधार का अनुभव होता है। इसलिए जो छात्र अपनी भूलों से शिक्षा लेकर अपनी कमियों को सुधार लेते हैं। वे अवश्य ही मेरिट में स्थान पाते हैं।

14. स्वावलंबी बनें : ईश्वर ने हमें शरीर इसलिए दिया है कि हम स्वावलंबी बनें। अपना काम अपने हाथ से करें। अपने हाथों से कमाई करके अपना जीवन खुशहाल बनाएं। आपने पेड़-पौधों को देखा होगा, जो स्वावलंबन के जीते-जागते उदाहरण हैं। वे स्वत: बढ़ते रहते हैं। किसी की खुशामद करने नहीं जाते। छोटी सी चींटी भी स्वावलंबन का महत्त्व समझती है। महापुरुष स्वावलंबन के सहारे ही ऊंचे उठे। यदि आपको अपना काम सुधारना है, तो किसी के भरोसे न रहकर उसे स्वयं करें। दूसरों का मुंह ताककर आप अपने कर्तव्य का पालन नहीं कर सकते। भगवान उन्हीं की सहायता करते हैं, जो अपनी सहायता स्वयं करते हैं। अत: मेरिट में आने के लिए आप स्वयं परिश्रम करें। अपने कार्य के लिए किसी के सहयोग की अपेक्षा न रखें। तुम्हारा परिश्रम ही तुम्हें मेरिट में स्थान दिला सकता है।

15. सत्संगति में रहें : आप जानते हैं कि संगति का प्रभाव व्यक्ति पर जरूर पड़ता है। गेटे का कहना है कि मुझे बताइए आपके संगी-साथी कौन हैं? और मैं बता दूंगा कि आप कौन हैं? जो बुद्धिमानों की संगति करता है, वह बुद्धिमान बन जाता है। बुरी संगत का कुप्रभाव जितना जल्दी पड़ता है, अच्छी संगति का सुप्रभाव उतनी ही देर से पड़ता है। सत्संगति बुद्धि की जड़ता को दूर करती है, वाणी में सच्चाई लाती है, सम्मान तथा उन्नति का विस्तार करती है। बुरे लोगों की संगति पग-पग पर हानि पहुंचाती है। अत: सदा श्रेष्ठ मित्रों की संगति करें। यदि आप मेरिट मे आना चाहते हैं, तो आपको चाहिए कि आप उन्हीं छात्रों से दोस्ती करें; जो परिश्रमी, समय के पाबंद और मेरिट में आने की इच्छा रखते हों। ऐसे छात्रों से बातचीत में आपको नई-नई बातें जानने को मिलेंगी, ज्ञान मिलेगा। ऐसे छात्रों से दूर ही रहें जो पढ़ाई में रुचि नहीं लेते हों या जिनका ध्यान दूसरी बातों में रहता है, अन्यथा उनकी संगति आपमें भी पढ़ाई के प्रति उपेक्षा की भावना पैदा कर सकती है और आपका भविष्य खराब हो सकता है।

16. जिज्ञासा का भाव रखें : जिज्ञासा के बिना ज्ञान प्राप्त नहीं होता। जिज्ञासा का मतलब जानने की इच्छा है। विद्यार्थी में नई वस्तु और नए विषय के प्रति उत्कंठा एवं जिज्ञासा होनी चाहिए, तभी वह ज्ञान प्राप्त कर सकता है। अपनी पाठ्य पुस्तकों के प्रति जिज्ञासा का भाव रखना बुद्धि का विकास करने में सहायक होता है। जिज्ञासा तीव्र बुद्धि का स्थाई और निश्चित गुण है। जिज्ञासा से एकाग्रता बढ़ती है और पढ़ी हुई सामग्री शीघ्र याद हो जाती है। जहां जिज्ञासा रखने वाले छात्र अध्यापक से बार-बार विषय के संबंध में प्रश्न पूछकर जानकारी बढ़ाते हैं और अपनी शंकाओं का समाधान प्राप्त करते हैं, वहीं जिनमें यह प्रवृत्ति नहीं होती ऐसे छात्र कक्षा में दूसरों का मुंह ताकते हुए मूक बने बैठे रहते हैं। अत:

यदि आप मेरिट में आना चाहते हैं, तो जिज्ञासु बनें, अपने ज्ञान का विस्तार करें, तभी आपमें आत्मविश्वास पैदा होगा।

17. स्वास्थ्य का पूरा ध्यान रखें : मेरिट में आने के लिए निश्चित रूप से आपको कठिन परिश्रम की आवश्यकता है, लेकिन कठिन परिश्रम के लिए यह बहुत आवश्यक है कि आप तन और मन दोनों से ही स्वस्थ रहें।

शरीर से स्वस्थ रहने के लिए आपको चाहिए कि अपने आचार-विचार पवित्र रखें, उचित समय पर पौष्टिक भोजन करें, उसे पचाने के लिए आवश्यक शारीरिक श्रम करें तथा निश्चित समय पर सोएं और सही समय पर जागें। भली प्रकार नींद लेने, पौष्टिक भोजन करने और खेल-कूद में भाग लेने से आपका शरीर स्वस्थ, शक्तिशाली और चुस्त रहेगा।

स्वस्थ शरीर में ही स्वस्थ मस्तिष्क निवास करता है। यदि आपका शरीर स्वस्थ रहेगा तो मानसिक दृष्टि से भी आप आत्मविश्वासी और आशावादी बने रहेंगे। अतिरिक्त मानसिक विकास के लिए निरंतर अध्ययन करके अपना ज्ञान बढ़ाएं, किंतु यह भी ध्यान रखें कि ज्ञान को मस्तिष्क पर लादें नहीं, उसे पूरी तरह समझ कर ग्रहण करें।

मानसिक संतुष्टि के लिए मनोरंजन भी बहुत आवश्यक है, इसलिए दिन में मनोरंजन के लिए भी कुछ समय अवश्य निकालें। अपनी समूची दिनचर्या में इस बात का ध्यान अवश्य रखें कि आप जिस समय जो कार्य कर रहे हैं, पूरे मन से केवल वही कार्य करें। उस समय मन को दूसरी ओर न जाने दें, जैसे जब आप खेल रहे हों, तो सिर्फ खेलें। जब आप मनोरंजन कर रहे हों, तो पूरी तरह मनोरंजन करें और जब आप सो रहे हों, तो आराम से सोएं। उस समय न कोई चिंता करें न कुछ सोचें। ठीक इसी प्रकार जब आप अध्ययन कर रहे हों, तो पूरी तरह अध्ययन में ही रुचि लें। जब आपको कार्य का बंटवारा करके उसे पूरी रुचि के साथ करने की आदत बन जाएगी, तो आपकी सफलता सुनिश्चित हो जाएगी।

18. प्रियदर्शन की आदत बनाएं : संसार में कोई भी व्यक्ति न तो सर्वगुण-संपन्न है और न दुर्गुणों की खान। सभी में कुछ न कुछ गुण, तो कुछ न कुछ दोष अवश्य होते हैं। जहां आलोचक केवल दोष देखते हैं, वहीं सज्जन दूसरों के गुणों पर ध्यान देते हैं। अपने सही दृष्टिकोण के कारण उन्हें दूसरों में दोष कम दिखाई देते हैं। वे तो बुरों में भी गुण तलाश लेते हैं। दूसरों में केवल दोष ढूंढ़ने वाला व्यक्ति संसार में उन्नति नहीं कर सकता। जो शक्ति आपको अपनी उन्नति में लगनी चाहिए, वह शक्ति दूसरों के दोष तलाशने में खर्च होती है। ऐसा करके आप अपना ही अहित कर लेते हैं।

19. आत्मप्रेरणा से सफलता पाएं : आजकल मनोवैज्ञानिकों का कहना है कि आत्मप्रेरणा (आटो सजेशन) से इच्छित लक्ष्य प्राप्त किया जा सकता है और अपने व्यक्तिगत दोषों को भी दूर किया जा सकता है। आत्मप्रेरणा में बड़ी शक्ति होती है। बस, जरूरत यह है कि इसे दृढ़ निश्चय, आत्मविश्वास, कल्पना, अभिलाषा और आशा से जाग्रत किया जाए।

आत्मप्रेरणा का अभ्यास इस सिद्धांत पर आधारित है कि कोई भी विचार, उद्देश्य जिस पर बार-बार ध्यान दिया जाता है, वह इच्छा और भावना शक्ति से मिलकर प्रबल बनकर अकस्मात कार्यरूप में प्रकट हो जाता है। आप जैसा बनना चाहते हैं, वैसे ही विचारों को सोने से पहले उपरोक्त गुणों से जाग्रत करें। बार-बार दोहराएं। इनका शुभ और आश्चर्यजनक परिणाम कुछ हफ्ते की प्रैक्टिस के बाद आपको अवश्य मिलेगा। यदि अभ्यास में आप सफल हो जाते हैं, आपकी शक्तियों का विकास होगा और मेरिट में आने के उद्देश्य में अवश्य सफल हो सकते हैं।

20. असफलता से घबराएं नहीं : अनेक विद्यार्थी प्रति वर्ष परीक्षा में असफल होने पर बुरी तरह निराश हो जाते हैं। प्रत्येक असफल परीक्षार्थी को यह सोचना चाहिए कि परीक्षा में असफल होना कोई अपराध नहीं है, कोई अनहोनी घटना नहीं है, ऐसी कोई बात नहीं जिसके कारण अत्यंत दुःखी होकर निराश हो जाएं और कोई गलत कदम उठाएं। परीक्षा में असफलता मिलना एक प्रकार की चेतावनी है। परीक्षा की तैयारी के लिए जितनी मेहनत की जरूरत थी, उतनी नहीं की गई।

अनेक महान व्यक्तियों ने परीक्षाओं में पहले असफलता का मुंह देखा है, फिर भी उन्होंने हिम्मत नहीं हारी और अपने निर्धारित लक्ष्य को प्राप्त करने में सफल हुए। हमें असफलता को स्वीकार करने के लिए भी तैयार रहना चाहिए। जो असफलता आज मिली है, वही आगे चलकर सफलता का कारण बनेगी, ऐसा विश्वास रखना चाहिए।

जो बार-बार असफल होने पर भी अपने प्रयत्न नहीं छोड़ते और उत्साह में कमी नहीं आने देते, उन्हें सफलता जरूर मिल जाती है। महान वैज्ञानिक अलबर्ट आइंस्टीन के अध्यापक उनसे कहते थे कि वे सात जन्म में भी गणित में सफल नहीं हो सकते, लेकिन वे लगातार असफलताओं का मुकाबला करते हुए विद्याध्ययन में लगे रहे। उसी का फल है कि विश्व के श्रेष्ठ वैज्ञानिक बने। प्रत्येक विद्यार्थी के जीवन में किसी न किसी क्षेत्र में असफलताएं मिलती ही रहती हैं, लेकिन कभी हिम्मत नहीं हारनी चाहिए। आशा दुर्गम से दुर्गम

मंजिल को भी सुगत बना देती है। अतः आशा, उत्साह, आत्मविश्वास, सच्ची लगन और दृढ़ इच्छा शक्ति से वर्ष भर नियमित रूप से अध्ययन करके आप भी परीक्षा में पूर्ण सफलता पा सकते हैं। मेरिट में आ सकते हैं।

21. प्रतिभा के धनी बनें : आपका मस्तिष्क अद्‌भुत प्रतिभा का खजाना है, लेकिन अधिकांश को इस खजाने का ज्ञान नहीं है और न ही उन्होंने इस खजाने को कभी प्राप्त करने का प्रयत्न किया है। आपके प्रयासों की प्रतीक्षा करते-करते आपकी प्रतिभा पूरी उम्र यूं ही गुजार देती है और थोड़ा बहुत सदुपयोग किया भी गया तो अधिकांश अंश अनुपयोगी ही छूट जाता है। यदि आप अपनी पूरी प्रतिभा का उपयोग कर लें, तो आपके जीवन में आश्चर्यजनक परिर्वतन आ सकता है। जो विद्यार्थी अपनी प्रतिभा का सदुपयोग पूरे परिश्रम के साथ, अपने लक्ष्य प्राप्ति हेतु लगा देते हैं, उन्हें इच्छित लक्ष्य अवश्य ही प्राप्त होता है।

याद रखें, विश्व में जितने भी महान विजेता, महान कलाकार, महान साहित्यकार, महान शासक हुए हैं, उन सबकी उपलब्धि के पीछे एक ही रहस्य था-अथक परिश्रम, कुछ कर दिखाने की प्रबल आकांक्षा, अटूट लगन। इसमें परिश्रम का ही हाथ अधिक था, प्रतिभा का कम। यदि घोर परिश्रम रूपी जल से प्रतिभा को सिंचित नहीं किया गया होता, तो एक असिंचित पौधे की तरह ही वह मुरझा जाती, भुला दी जाती। अतः चुनौतियों से घबराएं नहीं। उनका स्वागत करते हुए, उन्हें ललकारते हुए, उनसे लोहा लेते हुए लगन, परिश्रम और अध्ययन में जुट जाएं। परिश्रम आपको अवश्य ही मेरिट में स्थान दिलाएगा।

❑❑

खंड छ:

शारीरिक स्वास्थ्य

ब्रह्मचर्य का पालन करें

> ब्रह्मचर्य का अर्थ केवल वीर्य रक्षा अथवा काम जय ही नहीं है, बल्कि उसके लिए सभी इंद्रियों का संयम आवश्यक है।
> —महात्मा गांधी
>
> संसार की सर्वश्रेष्ठ और सर्वाधिक ज्ञान की रचनाएं प्राय: ब्रह्मचारी लेखकों की लेखनी से ही रची हुई हैं।
> —बेकन
>
> ब्रह्मचर्य पालन से शक्ति प्रबल होती है और बौद्धिक तथा आध्यात्मिक शक्ति उत्पन्न होती है। कड़े ब्रह्मचर्य के पालन से कोई भी विद्या अल्पकाल में ही जानी जा सकती है, याद रखने की अचूक स्मरण शक्ति आ जाती है।
> —विवेकानंद

हमारे जीवन रूपी भवन की आधारशिला यानी नींव ब्रह्मचर्य है। ब्रह्मचर्य का पालन करने वाले हनुमान, लक्ष्मण, भीष्म आदि ऐसे महापुरुष हुए हैं, जिनकी शक्ति, साहस और वीरता का उल्लेख हर किसी को चकित कर देता है। यही कारण है कि हमारे प्राचीन मनीषियों ने बालकों के लिए छोटी आयु से ही किसी सद्गुरु के निकट रहकर युवावस्था तक ब्रह्मचर्य का पालन करने का नियम बनाया था।

ब्रह्मचर्य के लाभ

युवावस्था में पढ़ाई खत्म होने तक ब्रह्मचर्य व्रत पालन करने से शरीर पुष्ट और निरोग बनता है, कार्य करने की शक्ति बढ़ती है, पाचन शक्ति दुरुस्त रहती है, रोगों से लड़ने की शक्ति आती है। साहस और हिम्मत बढ़ती है, कठिनाइयों से लड़ने की शक्ति आती है, उत्साह, आत्मविश्वास, दृढ़निश्चय के गुणों से

व्यक्तित्व प्रभावशाली बनता है। चेहरे पर रौनक आती है, बुद्धि तीव्र होती है, स्मरण शक्ति बढ़ती है, मस्तिष्क जल्दी नहीं थकता, आत्मिक उन्नति होती है। उपर्युक्त गुणों के कारण कार्यों में सफलता मिलते रहने से सदैव प्रसन्नता की अनुभूति होती रहती है।

ऋग्वेद में कहा गया है–

जुषस्व सप्रथस्तमं वचो देवप्सरस्तमम्।
हव्या जुह्वान आसनि॥
–ऋग्वेद 1/75/1

शारीरिक और आत्मिक सुख प्राप्त करना चाहते हो तो अपने आहार, विहार और चेष्टाओं में सादगी रखते हुए ब्रह्मचारी बनो। अथर्ववेद में लिखा है–

ब्रह्मचर्येण तपसा देवा मृत्युमपाघ्नत।
इन्द्रो ह ब्रह्मचर्येण देवेभ्यः स्वरा भरत्॥
–अथर्ववेद 11/7/19

ब्रह्मचर्य का पालन करें, क्योंकि भोग से रोग पैदा होते हैं और परमात्मा में ध्यान नहीं लगता। ब्रह्मचर्य से ज्ञान प्राप्ति की अभिलाषा पैदा होती है और आध्यात्मिक विकास होता है। ब्रह्मचर्य और तप से देवताओं ने मृत्यु का नाश किया और इंद्र ने भी ब्रह्मचर्य से ही देवताओं में श्रेष्ठत्व प्राप्त किया।

दूषित माहौल का प्रभाव

आजकल के दूषित माहौल में युवकों की बात तो छोड़िए 10-12 साल के बालकों में भी दूषित भावनाएं देखने को मिलने लगी हैं। वे खुलेआम अश्लील बातें और हरकतें करने लगे हैं। स्कूल में लड़कों की उद्दंडता, अध्यापकों के प्रति असम्मानजनक व्यवहार, पढ़ाई की उपेक्षा, फैशन और अन्य शौकों में बढ़ती प्रवृत्ति जैसे दोष आम हो गए हैं। इससे चरित्र निर्माण न होकर चरित्र का पतन अधिक हो रहा है। बड़ी आयु के ऐसे लड़के, सीधे और सुशील स्वभाव के बालकों को भी छेड़ने, तंग करने और उनके चरित्र को गिराने में नहीं चूकते।

अब मां-बाप इतने व्यस्त रहते हैं कि उन्हें अपने बच्चों की गलत आदतों को पकड़ने का अवकाश ही नहीं मिलता, फिर भला वे कैसे बच्चों की ठीक-ठीक देखभाल कर उन्हें सुमार्ग पर चलने की प्रेरणा दें? अध्यापकों के पास वैसे ही छात्रों की इतनी अधिक संख्या होती है कि वे उनके व्यक्तिगत कार्यकलापों पर ध्यान नहीं दे पाते।

अनेक घरों में तो छोटे-छोटे बालक के मुंह से अश्लील शब्दों को सुनकर हंसने और उन्हें छेड़-छेड़कर अपना मनोविनोद करने की प्रवृत्ति देखी जा सकती है। कुछ मां-बाप तो छोटे बच्चों को अनजान समझकर उनके सामने ही दांपत्य जीवन संबंधी बातचीत या व्यवहार करते रहते हैं। उन्हें यह नहीं मालूम कि 21वीं सदी में जा रहा बच्चा टी.वी. और सिनेमा देख-देखकर समय से पूर्व की सारी बातें समझने लगा है।

मनोरंजन के नाम पर टी.वी. और सिनेमा का चलन इतना बढ़ गया है कि अब घर बैठे 24 घंटे सिनेमा और विदेशी चैनलों पर अर्ध नग्न चित्रों की भरमार देख सकते हैं। जब बड़े ऐसे दृश्यों से युक्त चैनल देखेंगे, तो निश्चित ही घर के बालकों पर इसका दुष्प्रभाव पड़ेगा। इन दुष्प्रभावों के परिणाम का अनुमान आप आज के युवाओं के चरित्र और स्वास्थ्य को देखकर आसानी से लगा सकते हैं।

अश्लील पुस्तकों और पत्रिकाओं का प्रभाव भी नई उम्र के बालकों और युवाओं पर पड़ रहा है, जिससे उनका चारित्रिक पतन बढ़ गया है। इनके प्रभाव से वीर्य हानि करने वाली शिक्षा प्राप्त कर वे अपना शारीरिक पतन करना भी शुरू कर देते हैं।

किशोरावस्था से बालकों में मानसिक और शारीरिक पविर्तन होना शुरू हो जाते हैं, क्योंकि उनमें पुरुषत्व के लक्षणों के अलावा प्रजनन ग्रंथियों में वीर्य बनने लगता है। शुक्र कणों से नव-जीवन उत्पन्न होने की शक्ति आने लगती है। दाढ़ी, मूंछें व गुप्तांगों पर बाल आने शुरू हो जाते हैं। यौवन में प्रवेश का यह बड़ा नाजुक समय होता है। ऐसे समय में अनेक विद्यार्थी कुसंगति में पड़कर कई तरह की दुष्प्रवृत्तियों में संलग्न हो जाते हैं और अप्राकृतिक ढंग से वीर्य नाश करने लगते हैं।

किशोरावस्था में स्कूल के लड़के-लड़कियों की संकल्प शक्ति इतनी दृढ़ नहीं होती कि वे अपनी अप्राकृतिक कामोत्तेजना पर नियंत्रण कर सकें। जहां सह शिक्षा की व्यवस्था होती है, वहां अपनी-अपनी उत्तेजना को शांत करने के लिए अस्वाभाविक उपायों का सहारा लेकर लड़के-लड़कियां इसके मोहक जाल में फंस ही जाते हैं।

ब्रह्मचर्य पालन न करने से हानियां

प्राचीन ऋषि-मुनियों से लेकर आधुनिक चिकित्सक तक सभी ये मानते हैं कि वीर्य शरीर में शक्ति और ओज पैदा करता है, इसलिए जीवन के पहले 25 वर्षों तक इसकी रक्षा की जानी चाहिए। आप जानते हैं कि वीर्य की रक्षा

करने में शरीर शक्तिशाली बनता है, जिससे आप बाद के वर्षों में उम्र भर स्वस्थ रहते हैं। कामुक उत्तेजनाओं की तरफ ध्यान न जाने से आप पूरे मन से अपनी पढ़ाई में लगे रहते हैं। इस समय अर्जित किया गया ज्ञान जीवन भर आपके काम आता है। इसके विपरीत यदि आप ब्रह्मचर्य के पालन में कमी बरतते हैं, तो आपका शरीर और मस्तिष्क कम उम्र में ही कमजोर हो जाएगा, जिससे आपको जीवन भर परेशानी का सामना करना पड़ेगा। ब्रह्मचर्य का पालन न करने वाले किशोर और युवाओं का शरीर कमजोर हो जाता है, उनके कार्य करने की शक्ति घट जाती है, पाचन शक्ति कमजोर हो जाती है, रोगों से लड़ने की शक्ति कम होने से बीमारियां जकड़ लेती हैं, साहस और हिम्मत घट जाती है, कठिनाइयों से घबराहट होती है, उत्साह, आत्मविश्वास और दृढ़ निश्चय जैसे गुणों का प्रभाव नष्ट हो जाता है, चेहरे की रौनक चली जाती है, गाल पिचक जाते हैं, आंखें गड्ढे में धंस जाती हैं, स्मरण-शक्ति कमजोर हो जाती है, बुद्धि मंद पड़ जाती है, थोड़े से कार्य से शरीर और मस्तिष्क थक जाता है, मन में हीन भावना घर कर लेती है। वे अपने से बड़ों से आंख मिलाकर बातें नहीं कर पाते, आंखें जमीन में गड़ाकर बात करते हैं, किसी काम में मन नहीं लगता, एकाग्रता जाती रहती है, स्वभाव चिड़चिड़ा, क्रोधी और रूखा हो जाता है। अश्लील साहित्य, नग्न फोटो देखने में रुचि बढ़ जाती है। सिर, कमर और छाती में दर्द रहने लगता है। रीढ़ की हड्डी का झुकना तथा आंखों के सामने अचानक अंधेरा छा जाना जैसी अनेक तकलीफें होने लगती हैं।

सफलता आपके कदम चूमेगी

ऊपर बताए गए दुष्परिणामों से बचना चाहते हो, तो ब्रह्मचर्य का पालन करने की प्रतिज्ञा करें, साथ ही दृढ़ निश्चय से इस पर अमल भी करें। स्वाद पर नियंत्रण रखने का प्रयास करें। दूध, दही, फल, कच्ची सब्जियां, कच्चा अंकुरित अनाज, दलिया, सादा भोजन, कम मिर्च-मसालों से युक्त भोजन का अधिक सेवन करें। आजकल भोजन इतना अप्राकृतिक हो गया है कि इनके सेवन से काम वासना बढ़कर भोग की इच्छा जागृत करती है। राजसी और तामसी भोजन जैसे–चाय, कॉफी, सोडा, पान, तंबाकू, गुटखा, मांस, अंडा, शराब, प्याज, लहसुन, मिर्च-मसाले, खट्टा, तीखा, चटपटा, पकौड़ी, कचौरी, नमकीन आदि के अधिक सेवन का चलन आम हो गया है। इनसे बचने का प्रयास करें। यदि सेवन करते हो, तो कम करके छोड़ दें। इनसे कामोत्तेजना बढ़ती है।

अश्लील साहित्य न पढ़ें और नग्न चित्रों की किताबों से दूर रहें। कोई मुफ्त में भी पढ़ने को दे, तो भी न पढ़ें। प्रेम कहानियां, भद्दे गीत, सिनेमा संबंधी

पत्रिकाएं या अन्य कामोत्तेजक सामग्री को देखने-सुनने से बचें। अच्छी प्रेरक, ज्ञानवर्धक, मनोरंजक पुस्तकों को ही अपना मित्र बनाएं। सुख-दुख में, विषम परिस्थितियों में ऐसी पुस्तकें आपको मार्गदर्शन देंगी, मानसिक शांति प्रदान करेंगी और आचरण की सभ्यता सिखाएंगी।

टी.वी. पर विदेशी चैनलों पर दिखाई जाने वाली वयस्क फिल्में व हिंदी फिल्में भी देखना छोड़ दें। आजकल नायिकाओं को इतने कम और छोटे वस्त्रों में देखकर अकसर युवाओं की कामवासना प्रदीप्त हो उठती है और मन के विचार दूषित होने लगते हैं, जो पतन का कारण बनते हैं।

अपने को पढ़ाई और दूसरे घरेलू कामों में इतना व्यस्त रखें कि न तो अश्लील साहित्य पढ़ने का मौका मिले और न ही टी.वी. पर पिक्चर वगैरह देखने का। व्यस्तता के कारण आपके मन को दूषित होने का मौका नहीं मिलेगा। आलसी व्यक्ति को कामदेव पटक-पटक कर मारता है। उद्योग करते रहने से नीच वासनाएं स्वयं ही दबकर नष्ट हो जाती हैं।

ऐसे दोस्तों, साथियों का साथ छोड़ दें, जो आपको गंदी बातें सिखाते हैं, गंदा साहित्य पढ़ने को देते हैं या गंदे कार्यों के लिए प्रेरित करते हैं। ध्यान रखें कि आपके मित्रों के कुविचारों का प्रभाव अप्रत्यक्ष रूप से आपके मन पर धीरे-धीरे ही सही लेकिन पड़ता अवश्य है।

ऐशो आराम का चस्का न लगने दें, क्योंकि आजकल का जीवन विलासप्रियता की ओर अधिक बढ़ रहा है। हर युवक फिल्मी हीरो की तरह सज-धजकर कृत्रिम उपायों को अपनाकर सुंदर बनना चाहता है। बनाव, श्रृंगार से काम उत्पन्न होता है और कुत्सित विचारों से इंद्रियों में अनावश्यक उत्तेजना हो जाती है। अतः भ्रम में डालने के लिए श्रृंगार के मायाजाल से बचें। रहन-सहन सरल अपनाएं। विद्यार्थी जीवन तपस्या का जीवन है। जो छात्र इस उम्र में अपने को नियमित रखकर पढ़ाई में ध्यान लगाते हैं, वे अवश्य ही मेरिट में स्थान पाते हैं। जो छात्र इस समय की कीमत नहीं समझते और रास्ते से भटक जाते हैं, वे पढ़ाई में तो पिछड़ते ही हैं, अपना भावी जीवन भी बरबाद कर बैठते हैं।

❏❏

अपने खान-पान पर ध्यान दें

> अधिक भोजन रोगकारक होता है तथा आयु को कम करता है।
>
> – मनुस्मृति
>
> मनुष्य को भोजन तभी करना चाहिए जब पहले से किया हुआ भोजन पच जाए। अपच में भोजन कभी नहीं करना चाहिए। पहले किए गए भोजन के बिना पचे ही दुबारा भोजन करने वाले पर निश्चित रूप से रोगों का आक्रमण होता है।
>
> – आयुर्वेद
>
> हमारा आहार ऐसा हो, जिससे हमारी बुद्धि, अवस्था और बल में निरंतर वृद्धि होती रहे।
>
> – ऋग्वेद

हमारे शरीर में होने वाली दैनिक टूट-फूट की मरम्मत में आहार की महत्त्वपूर्ण भूमिका होती है। उदर में जाकर हमारा आहार पाचक रसों से मिलकर रस, रक्त, मांस, मेद, अस्थि, मज्जा और वीर्य का निर्माण कर शरीर में ओज, मजबूती और कार्यशक्ति प्रदान करता है। भोजन शरीर को पोषण के अलावा ऊर्जा देता है, ताकि हम कार्य कर सकें। उत्तम आहार के बल पर ही शरीर स्वस्थ, मजबूत और निरोगी रहता है।

शुद्ध भोजन करने से सात्विकता आती है और स्मरण शक्ति बढ़ती है। स्मरण शक्ति से ही हमें ज्ञान की प्राप्ति होती है। ज्ञान से हमारा अज्ञान दूर होकर सारी सफलताओं का रास्ता खुल जाता है। जो विद्यार्थी स्वाद के चक्कर में पड़कर गरिष्ठ, चटपटा, स्वादिष्ट, तामसिक भोजन नियमित रूप से करते हैं और भूख से ज्यादा भोजन करते हैं, उनके शरीर में अनेक रोग उत्पन्न होकर शरीर को रोगी बना देते हैं और चित्त की स्थिरता में व्यवधान उत्पन्न करते हैं।

भोजन दोनों समय नियत समय पर करना चाहिए। इससे भोजन को पचने के लिए पर्याप्त समय मिल जाता है। बेसमय भोजन करते रहने की आदत से पाचन क्रिया गड़बड़ा जाती है और अनेक प्रकार की पेट की तकलीफें पैदा हो जाती हैं। बहुत देर भूखे रहने से वायु के प्रभाव से जठराग्नि शांत हो जाती है। ऐसे में किया गया भोजन देर से पचता है और फिर दोबारा भोजन की इच्छा नहीं होती।

भोजन का महत्त्व

इसमें कोई दो मत नहीं कि बिना आहार के संसार का कोई भी व्यक्ति जीवित नहीं रह सकता। हम भिन्न-भिन्न खाद्य पदार्थों का सेवन इसलिए करते हैं कि शरीर को स्वस्थ एवं पुष्ट बनाए रखते हुए निरोग जीवन व्यतीत कर सकें। शरीर अपना कार्य सुचारु रूप से करता रहे। वास्तव में भोजन करने की आवश्यकता इसीलिए है कि भिन्न-भिन्न शारीरिक और मानसिक अंग हृष्ट-पुष्ट एवं दृढ़ बने रहें, इनके द्वारा संचालित क्रियाएं ठीक प्रकार से हों और हम जीवन भर स्वस्थ व निरोग रह सकें।

चूंकि विद्यार्थी अधिक दिमागी काम करते हैं और शारीरिक काम कम करते हैं। अत: उन्हें ऐसे खाद्य पदार्थों का सेवन अधिक करना चाहिए, जिनसे दिमाग को अधिक ताकत मिले। अन्य सामान्य खाद्य पदार्थों का सेवन करने से शरीर तो पुष्ट हो जाता है, लेकिन दिमागी काम अधिक करने से दिमाग कमजोर होने लगता है।

कहा गया है कि 'जैसा अन्न वैसा मन', अर्थात जिस प्रकार का भोजन आप करेंगे, बुद्धि भी उसी प्रकार की हो जाएगी। जहां मांसाहारी व्यक्ति प्राय: कठोर दिल के होते हैं, वहीं शाकाहारी व्यक्ति नरम दिल के होते हैं। उनकी बुद्धि अधिक ग्रहणशील होती है। चूंकि विद्या प्राप्ति में नम्रता का गुण होना आवश्यक होता है और वह नम्रता शाकाहारी भोजन से ही आ सकती है।

परीक्षार्थियों को चाहिए कि परीक्षा के दिनों में हलका भोजन करें, ताकि पढ़ाई में मन अधिक लगे और आलस्य न आए। स्वाद के वशीभूत होकर आवश्यकता से अधिक भोजन न करें, क्योंकि इससे आलस आएगा और अध्ययन में मन नहीं लगेगा। अत: भूख से कम ही भोजन करने की आदत बनाएं।

प्रात:काल दैनिक क्रियाओं से निवृत होकर विद्याध्ययन करना सर्वोत्तम माना जाता है, क्योंकि रात भर की निद्रा और विश्राम के कारण इस समय मस्तिष्क शांत और प्रसन्न रहता है। अत: सरलता से याद हो जाता है।

सुबह का नाश्ता जरूरी

वाल्टीमोर एवं फिलाडेल्फिया में हार्वर्ड के वैज्ञानिकों द्वारा किए गए शोध से यह निष्कर्ष निकला है कि सुबह का नाश्ता करने वाले स्कूली बच्चों में दिन भर सक्रियता एवं दिमागी ताजगी रहती है। उनमें आलस और मनोवैज्ञानिक तनाव कम होने के साथ ही दिन में कुछ भी अंट-शंट खाने की प्रवृत्ति भी घटती है।

हार्वर्ड के वैज्ञानिक जे. माइकेल मर्फी के मतानुसार सुबह का नाश्ता करने वाले बच्चे कक्षा में अधिक सजग पाए गए, गणित में उनको अच्छे अंक मिले एवं उनकी व्यावहारिक व मनोवैज्ञानिक समस्याएं महत्त्वपूर्ण ढंग से कम हो गईं इससे साबित होता है कि मस्तिष्क एवं खाद्य पदार्थों में गहन संबंध होता है।

हांगकांग में किए गए एक सर्वे के अनुसार जो बच्चे नाश्ता नहीं लेते हैं उसका असर शरीर के अलावा उनके सालाना रिजल्ट पर भी पड़ता है। इसके अलावा वे अपनी कक्षा में भी सुस्त हो जाते हैं और उनका आत्मविश्वास भी कम हो जाता है। उनमें अवसाद के लक्षण भी पाए गए हैं।

भोजन कैसा हो

सुबह के नाश्ते में दूध या दही की लस्सी एक गिलास, 2 ब्रेड के पीस या एक अंडा या एक परांठा या एक फल लिया जा सकता है। दोपहर के भोजन में दाल, चपाती, हरी सब्जी, चावल, दही और सलाद लिए जा सकते हैं। अल्पाहार में 4 या 5 बजे गुड़ और भुने हुए चने या अंकुरित मूंग के बाद चाय, दूध, लस्सी या फलों का ताजा रस इच्छानुसार लिए जा सकते हैं। रात्रि भोजन के तुरंत बाद न सोकर, कम से कम दो घंटे बाद सोना चाहिए।

अधिक भोजन

हमारे देश में ऐसे लोगों की कमी नहीं है, जो अपने दैनिक जीवन में स्वयं तो अधिक खाना खाते हैं और दूसरों को भी अधिक खाना खाने के लिए प्रेरित करते रहते हैं। आम धारणा यह है कि जितना अधिक भोजन किया जाएगा, उतना ही वह ताकत देगा, शरीर को पुष्ट बनाएगा। मां-बाप इसीलिए अपने बच्चों को कोशिश कर अधिक से अधिक भोजन खिलाने की चेष्टा करते हैं, जबकि वास्तविकता यह है कि अधिक और पुष्टिकारक भोजन करने वालों की अपेक्षा थोड़ा और सादा भोजन करने वाले ही अधिक शक्तिशाली और बड़ी आयु के होते हैं।

नुकसान

चिकित्सकों का मत है कि अगर अमृत को भी उचित से अधिक मात्रा में सेवन किया जाए तो वह विष का काम करेगा। ठीक वैसे ही पाचन शक्ति से अधिक किया गया भोजन पोषक होने की बजाय शोषक सिद्ध होता है।

आयुर्वेदिक मतानुसार पेट का आधा भाग आहार से भरें, चौथाई को पानी के लिए और शेष चौथाई को हवा के लिए खाली रहने दें। इस नियम से भोजन करने वालों के पेट में बराबर हलकापन अनुभव होता रहेगा, जबकि आवश्यकता से अधिक भोजन करने वालों की स्फूर्ति चली जाती है।

अजीर्ण की शिकायत

स्वाद के चक्कर में पड़कर अकसर हम स्वादिष्ट भोजन जल्दी-जल्दी खाते हैं और बिना अच्छी तरह चबाए ही निगल जाते हैं। इससे अपच की शिकायत पैदा हो जाती है। अति शीघ्रता से खाए गए भोजन का न तो स्वाद मिल पाता है और न ही उसका छोटे-छोटे कणों में विभाजन हो पाता है। अत: हमारे आमाशय को अधिक कार्य करना पड़ता है। दुष्परिणाम स्वरूप अजीर्ण की शिकयत शुरू हो जाती है। पाचन क्रिया पूर्ण होने में भी विलंब होता है।

अजीर्ण के कारण छाती में जलन, सिर में भारीपन, जी मिचलाना, खट्टी डकारें आना, पेट में दर्द, पेट फूलना, मुंह में पानी भर आना, पेट में गैस का अधिक बनना, पेट में भारीपन और पेट का पत्थर जैसा कड़क हो जाना आदि लक्षण उत्पन्न हो जाते हैं।

बादाम और घी

बहुत से परीक्षार्थियों के मन में यह गलत धारणा बैठी होती है कि इन दिनों बादाम और घी खाने को मिले तो दिमाग पढ़ाई में अधिक चलता है। जबकि वास्तविकता यह है कि विद्याध्ययन में रुचि (दिलचस्पी) की आवश्यकता अधिक होती है। हां, भोजन में पौष्टिक चीजें सेवन करने से दिमागी काम में सहायता जरूर मिलती है।

बाजारू चीजें खाने से बचें

परीक्षा के दिनों में जहां तक हो सके बाजार और घर की बनी बेसन, मैदे की बनी चीजें, जैसे नमकीन, पकौड़े (भजिए), बड़े, बताशे, चाट आदि का सेवन नहीं करना चाहिए। इनसे पेट खराब होकर दस्त लग सकता है, अत: इनसे बचाव जरूरी है।

क्या सेवन करें

छात्रों को चाहिए कि सभी प्रकार की गरिष्ठ मिठाइयों के सेवन से बचकर दूध, दही, फल का अधिक सेवन करें। दिमागी काम करने वाले विद्यार्थियों के लिए लौकी (घिया) को सर्वोत्तम माना गया है। इसका नित्य सेवन किया जा सकता है। मौसम के अनुसार टमाटर, ककड़ी, गाजर, पालक, अमरूद, सेब, अंगूर पपीते में से जो भी आसानी से सस्ते उपलब्ध हों, उनका नियमित सेवन करना स्वास्थ्य के लिए उत्तम होता है।

खाली पेट से नुकसान

अनेक परीक्षार्थी बिना कुछ खाए-पीए खाली पेट ही परीक्षा देने पहुंच जाते हैं। इससे उन्हें परीक्षाहाल में कमजोरी, चक्कर आना, घबराहट, उल्टियां आना जैसी तकलीफों का सामना करना पड़ता है। अत: कुछ न कुछ नाश्ता, जैसे– ब्रेड, मक्खन, दही परांठा, रात के भीगे कच्चे चने आदि थोड़े से खाकर दूध और आंवले का मुरब्बा सेवन करना चाहिए, ताकि खाली पेट से होने वाली तकलीफों से बचा जा सके और दिमाग भी स्वस्थ एवं शांत रह सके।

❏❏

पढ़ाई के दौरान आंखों का ख्याल रखें

विद्वानों ने आंखों को चरित्र और हृदय का दर्पण कहा है, क्योंकि जो बातें हम मुंह से कह नहीं पाते, वे सब आंखें प्रकट कर देती हैं। हमारी आंखें करुणा, स्नेह, भय, आश्चर्य, प्रीति, उदासी, शोक, हर्ष आदि की भाव दशा को भी प्रकट करने में सक्षम होती हैं। आंखों के बारे में यह भी कहा जाता है कि मन जैसा राजा और आंखों जैसा मंत्री कहां हो सकता है? आंखें जैसी सलाह या सुझाव मन को देती हैं, मन उसी के अनुरूप निर्णय लेता है।

ध्यान रखें कि आपके व्यक्तित्व को निखारने में आंखों का महत्त्वपूर्ण स्थान है। चेतना अंगों में दृष्टि बहुत मूल्यवान है। इसीलिए कहा भी गया है कि आंख है तो जहान है। व्यक्ति अपने ज्ञान का 9/10 भाग आंखों के द्वारा ही प्राप्त करता है। अत: आंखें प्रत्येक व्यक्ति के लिए बहुमूल्य और नाजुक अंग हैं। ये अधिक समय तक स्वस्थ बनी रहें और अपना कार्य सुचारु रूप से करती रहें, इसके लिए जरूरी है कि हम आंखों का पूरा ध्यान रखें। यूं तो प्रकृति ने आंखों की रक्षा के लिए अस्थि का कोटर प्रदान किया है, जिसके अंदर स्वतंत्रापूर्वक नेत्र गोलक घूम सकते हैं। पलकों द्वारा आंखों को सुरक्षा प्रदान की गई है। आंसू की बदौलत आंखें नम तथा चिकनी बनी रहती हैं।

पढ़ाई के दौरान आंखों पर सबसे अधिक जोर पड़ता है। अत: उनकी रक्षा के लिए निम्नलिखित उपायों को अपनाना चाहिए :

- आंखों के लिए उपयुक्त प्रकाश का विशेष महत्त्व है। अलग-अलग प्रकार का प्रकाश आंखों के लिए जहां लाभदायक हो सकता है, वहीं हानिकारक भी हो सकता है। दिन का प्रकाश पढ़ाई के लिए सर्वोत्तम होता है। कृत्रिम प्रकाश दिन के प्रकाश के मुकाबले अच्छा नहीं होता। सूर्य की एकदम तेज रोशनी में नहीं पढ़ना चाहिए। तेज रोशनी से आंखों को हमेशा बचाना चाहिए।

चलसी बस, ट्रेन में, लेटकर, कम रोशनी में नहीं पढ़ना चाहिए। पढ़ते वक्त अपनी पुस्तक को आंखों से 14 से 16 इंच की दूरी पर रखें। पुस्तक का झुकाव 45 से 70 डिग्री के बीच होना चाहिए। कमरे में प्रकाश समान रूप से फैले, रोशनी सामने से आंखों पर न आए, इसका ध्यान रखें। बल्ब की अपेक्षा ट्यूब लाइट की रोशनी अच्छी होती है। कमरे की दीवारों और छत पर हलके रंग होने चाहिए, जिससे प्रकाश ज्यादा परिवर्तित न हो और आंखों पर जोर न पड़े। आम आदमी की तुलना में वृद्ध लोगों को कुछ ज्यादा रोशनी की जरूरत होती है।

- शरीर थक जाने पर पढ़ना आंखों के लिए अहितकर होता है। अत: पूर्ण विश्राम कर या नींद लेकर फिर पढ़ें।
- अधिक रात्रि तक जागकर कृत्रिम रोशनी में पढ़ना आंखों के लिए नुकसानदेह होता है। नींद आ रही हो और जबरन पढ़ा जाए, तो यह अधिक नुकसानदेह होगा।
- किसी उग्र अथवा क्षयकारी रोग के बीच या आरोग्य लाभ के दौरान आंखों का अधिक उपयोग अध्ययन हेतु करना अहितकर होता है।
- उपन्यास, पत्रिकाएं, पाठ्य पुस्तकें तेज गति से पढ़ने से आंखों पर काफी जोर पड़ता है। अत: पढ़ने की गति सामान्य रखें।
- कभी सूर्य की ओर घूरकर नहीं देखना चाहिए। सूर्य और चंद्र ग्रहण के समय भी सीधे आंखों से देखने से नेत्र ज्योति प्रभावित होती है।
- आंखों को तेज धूप, धूल के कणों, तेज प्रकाश से बचाने के लिए अच्छे किस्म के गॉगल का प्रयोग करना चाहिए। उनकी बनावट में कांच का इस्तेमाल होना चाहिए न कि प्लास्टिक का।
- कभी भी टकटकी लगाकर लगातार नहीं पढ़ना चाहिए। इससे आंखों पर काफी जोर पड़ता है और लगातार जोर पड़ते रहने से आंखें कमजोर हो सकती हैं। पढ़ते समय थोड़े-थोड़े समय के अंतर में पलक अवश्य झपकाते रहें। प्रत्येक तीसरी या चौथी पंक्ति पढ़ने के बाद पलक झपकाइए। कुछ दिनों की प्रैक्टिस से यह क्रिया स्वभाव में आ जाएगी। प्रत्येक स्वस्थ व्यक्ति की पलकें प्राकृतिक रूप से अपने समय पर झपका करती हैं। पलक झपकाने की प्रैक्टिस करते रहने से आंखों पर जोर नहीं पड़ता।
- आंखों में काजल, सुरमा लगाने में सावधानी बरतनी चाहिए। घटिया कंपनी के बने काजल, सुरमे, आंखों को नुकसान पहुंचाते हैं। अत: प्रसिद्ध कंपनी के बने काजल, सुरमे का ही प्रयोग करें। आंखों की ज्योति बढ़ाने के लिए

शुद्ध शहद लगाना उत्तम होता है। इससे आंखों की गंदगी भी बाहर निकल जाती है।

- आंखों की थकान दूर करने के लिए प्रतिदिन प्रात: ही ठंडे पानी के छींटे आंखों में मारें और पानी से भरे टब में आंखें डुबोकर खोले रखने का अभ्यास करें। इससे आंखों को अधिक कार्य करने की क्षमता प्राप्त होगी। यूं भी ठंडा जल आंखों के लिए टॉनिक के समान गुणकारी होता है।

- रात को सोने से पहले हाथ, पांव और आंखों को धोकर कुल्ला करें, फिर पांवों के तलवों में सरसों के तेल की मालिश करें। ऐसा करते रहने से आंखें स्वस्थ रहती हैं और उनके अनेक विकार दूर हो जाते हैं।

- लगातार पढ़ने से आंखें लाल हो गई हों, उनमें जलन और पीड़ा हो रही हो या ऊब से आंखें थक गई हों, तो आंखें बंद कर चित्त लेटकर शव आसन करें। फिर गहरी सांसें लेकर हरे-भरे पेड़ों को देखें। आंखों पर ठंडा पानी छिड़कें। आंखें मूंदकर थोड़ा विश्राम करें। थोड़ी ही देर में सारी तकलीफें दूर हो जाएंगी।

- शीर्षासन करने से मस्तिष्क ताजा हो जाता है और नेत्र ज्योति बढ़ती है। बड़ी उम्र तक रोग प्रतिकारक शक्ति सुरक्षित रहती है। इस आसन को करते समय आंखें बंद रखें और किसी योग्य योगाचार्य से सीखकर ही इसे करना चाहिए।

- प्रतिदिन प्रात:काल हरी घास पर नंगे पैर चलने से और हरियाली देखने से आंखों की ज्योति को बहुत लाभ पहुंचता है।

- आंखों को स्वस्थ रखने के लिए कब्जियत की शिकायत न होने दें। इसे दूर करने के लिए छाछ, अमरूद, पपीता, टमाटर या नीबू का सेवन अधिक करें।

- आंखों की ज्योति बढ़ाने के लिए रात्रि में 10 बादाम की गिरी पानी में भिगो दें और सुबह पीसकर दो चम्मच मक्खन और एक चम्मच मिसरी के साथ मिलाकर रोजाना खाएं। ऊपर से एक कप दूध सेवन करने से इच्छित लाभ अवश्य मिलता है।

- आंखों की ज्योति ज्यों की त्यों बनी रहें, इसके लिए विटामिन 'ए' युक्त खाद्य पदार्थों का सेवन अधिक लाभदायक होता है। दूध, मक्खन, छाछ, घी, कॉड, लीवर आइल, पके आम, गाजर, पपीता, अंजीर, संतरा, खजूर, सोयाबीन, पालक, करेला, टमाटर, तरबूज, पत्तागोभी में विटामिन 'ए' की पर्याप्त मात्रा मिलती है। इस विटामिन के अभाव में रतौंधी (रात में न

दिखना), धुंधले प्रकाश में कम दिखाई पड़ना, आंखें सुस्त व निस्तेज होना, जैसी अनेक तकलीफें हो जाती हैं।

- विटामिन 'बी' की कमी से आंखों में दर्द होना, उनसे पानी गिरना, आंखों में जलन होना आदि तकलीफें होती हैं। इन्हें दूर करने के लिए दूध, अंडा, दही, संतरा, केले, अंगूर, गाजर, मूली, करेला, गोभी, नारियल, बादाम, मूंगफली, मूंग आदि का सेवन करना चाहिए।
- विटामिन 'सी' की कमी से आंखें जल्दी थक जाती हैं, आंखों में भारीपन का होना जैसी तकलीफें होती हैं। उन्हें दूर करने के लिए खट्टे-मीठे फल, जैसे- आंवले, संतरे, मुसम्मी, अमरूद, नीबू आदि का सेवन करना चाहिए।
- आपको पढ़ते वक्त सिरदर्द की तकलीफ होती हो, अक्षर स्पष्ट पढ़ने में न आते हों, आंखें कमजोर हो गई हों, तो जांच करवा कर चश्मा अवश्य बनवा लें। उसे नियमित लगाएं। आंखों की तकलीफ फिर भी बनी रहे, तो डॉक्टर से चेकअप जरूर करवा लें। इस संबंध में लापरवाही बरतना आंखें खराब होने का कारण बन सकता है। पढ़ाई भली प्रकार करने के लिए आंखों का स्वस्थ होना बहुत आवश्यक है।

❑❑

स्वास्थ्य के नियमों का पालन करें

> *जिसके पास स्वास्थ्य है, उसके पास आशा है और जिसके पास आशा है, उसके पास सब कुछ है।*
>
> *—अरबी लोकोक्ति*
>
> *प्रथम महान संपत्ति है-सुंदर स्वास्थ्य*
>
> *—इमर्सन*
>
> *शरीर को रोगी और दुर्बल रखने के समान दूसरा कोई पाप नहीं है।*
>
> *—लोकमान्य तिलक*
>
> *मनुष्य की दशा उस घड़ी के समान है, जो ठीक तरह से रखी जाए तो सौ वर्ष तक काम दे सकती है और यदि लापरवाही से रखी जाए, तो जल्दी बिगड़ जाती है।*
>
> *—स्वेट मार्डेन*

याद रखें, आपकी समस्त सफलताओं का आधार है, आपका उत्तम स्वास्थ्य। जो विद्यार्थी स्वास्थ्य के नियमों का पालन करके शरीर की रक्षा करते हैं, वे ही इस संसार में सुख, आनंद और सफलता प्राप्त करते हैं। इसके विपरीत जो विद्यार्थी स्वास्थ्य के नियमों के पालन में लापरवाही बरतते हैं, वे अस्वस्थ, बीमार रहकर चिंतित, दु:खी और अपने लक्ष्य की सफलता की अनुभूति से वंचित रहते हैं। अत: अपने स्वास्थ्य के प्रति सदैव जागरूक रहें, ताकि आप मेरिट लिस्ट में आने के लक्ष्य में पूर्ण सफलता पा सकें। यहां स्वस्थ एवं निरोग जीवन व्यतीत करने के लिए कुछ नियमों की जानकारी दी जा रही है, जिनका पालन कर आप अपना स्वास्थ्य उत्तम बनाए रख सकते हैं :

- सुबह सूर्योदय से दो घंटे पहले उठें। नित्य क्रियाओं से निपट कर कुछ किलोमीटर की सैर अवश्य करें। इससे शरीर में स्फूर्ति, शक्ति और प्रसन्नता

दिन भर बनी रहेगी। देर से उठने वालों के शरीर में आलस्य छाया रहता है और मन में प्रसन्नता का अभाव देखने को मिलता है।

- रात में तांबे के लोटे में सादा जल रखें। सुबह मुंह-हाथ धोकर इस जल को एक गिलास नियमित पीने से कब्ज की शिकायत नहीं होती और सुबह शौच की हाजत समय पर लगती है।
- मुंह की सफाई के लिए नियमित रूप से मंजन या टूथपेस्ट का इस्तेमाल करें।
- नियमित रूप से शरीर की मालिश करने से खून की गरमी बढ़कर दौरा तेज हो जाता है, जिससे सारे अंग सशक्त बनते हैं। शरीर में स्फूर्ति और शक्ति का संचार होता है। चेहरे और त्वचा का रंग निखर कर सौंदर्य में वृद्धि होती है। अविकसित अंगों का विकास होता है। पाचन शक्ति को ताकत मिलती है और कब्ज की शिकायत नहीं होती। अत: शरीर में तेल मालिश अवश्य करें।
- व्यायाम करने से सारे शरीर में खून का दौरा तेज गति से होने लगता है, जिससे शरीर सुदृढ़ एवं शक्तिशाली बनता है। अत: स्वस्थ रहने के लिए व्यायाम करना अनिवार्य है। खून के शरीर में दौड़ने से जहां हर हिस्से को पूरा-पूरा पोषण मिल जाता है। व्यायाम, दंड बैठक लगाकर, दौड़ने, कूदने, पानी में तैरने, तरह-तरह के खेलकूद, डम्बल और जिम्नास्टिक की कसरतें, आसनों में शीर्षासन, सर्वांगासन, मयूरासन, सूर्य नमस्कार आदि करके भी पूरे किए जा सकते हैं। अपनी रुचि और सामर्थ्य का ध्यान रखकर इन्हें अपनाना चाहिए। लेकिन ध्यान रखें कि कोई भी व्यायाम इस हद तक न करें कि यह थकान उत्पन्न कर दे।
- नियमित शारीरिक स्वच्छता के लिए स्नान अवश्य करें। इससे जहां शरीर स्वच्छ होगा, वहीं भूख तथा हाजमे की ताकत बढ़ेगी। मन में प्रसन्नता, स्फूर्ति का अनुभव होगा। ठंडे पानी से किया गया स्नान अधिक गुणकारी होता है, लेकिन जिन्हें इससे तकलीफ होती है, वे गुनगुने पानी का इस्तेमाल कर सकते हैं। भोजन के बाद स्नान करना हानिकारक होता है।
- स्वस्थ रहने के लिए आहार का विशेष महत्त्व होता है। हमारे शरीर की आवश्यकता के अनुसार पौष्टिक आहार नियमित समय पर सेवन करना चाहिए। भोजन जितनी भूख हो, उतना ही करना चाहिए। आवश्यकता से अधिक ठूंस-ठूंसकर खाना हानिकारक होता है। तली, गरिष्ठ, मिर्च-मसालेदार, खटाई युक्त चीजें खाना स्वास्थ्य के लिए नुकसानदेह होती हैं। भोजन खूब चबा-

चबाकर आराम से करना चाहिए। भोजन के पहले और तुरंत बाद अधिक जल न पिएं। एक-दो घंटे बाद ही इच्छानुसार पानी पिएं। भोजन के तुरंत बाद दौड़ना, साइकिल चलाना, परिश्रम करना ठीक नहीं होता। थोड़ा विश्राम करके फिर अपना नियमित कार्य करें। रात्रि का भोजन सोने के समय से 2-3 घंटे पूर्व अवश्य कर लें, ताकि उसे पचने का पूरा मौका मिल सके और निद्रा में कोई अड़चन पैदा न हो। जहां तक हो सके दो समय के भोजन के बीच अन्य वस्तुएं न खाएं। सप्ताह में एक दिन उपवास करने से पाचन क्रिया ठीक रहती है। अतः अपने इष्टवार को उपवास रखें।

- शरीर के विष और दूषित पदार्थों को निकालने में पानी का बहुत महत्त्वपूर्ण योगदान होता है। दिन भर में कम से कम 8-10 गिलास पानी अवश्य सेवन करें। पानी जहां शरीर के सामान्य ताप को बढ़ने से रोकता है, वहीं शरीर के आंतरिक अंगों जैसे पेट, जिगर और गुर्दों के महत्त्वपूर्ण कार्यों का सुचारु रूप से चलाने में सहायता करता है। त्वचा के निखार को बढ़ाकर सौंदर्य में वृद्धि करता है। पानी हमेशा स्वच्छ और साफ ही पीना चाहिए। दूषित पानी के पीने से अनेक प्रकार की बीमारियां हो सकती हैं।
- शरीर के साथ-साथ मन और मस्तिष्क का स्वस्थ होना भी जरूरी है। इसके लिए शोक, चिंता, भय, क्रोध करने से बचें। ये आपके स्वास्थ्य के सबसे बड़े शत्रु हैं। सदा प्रसन्न और आशावादी रहें। कभी निराश न हों। दिल खोलकर हंसना स्वास्थ्य के लिए बहुत लाभदायक होता है। उन्मुक्त हास्य से खून का दौरा बढ़ता है और चेहरे पर रौनक आ जाती है। जो विद्यार्थी खुलकर हंसते नहीं, उनके चेहरे पर मनहूसियत टपकती है और वे बीमार नजर आते हैं।
- विपरीत परिस्थितियों में घबराएं नहीं, साहस और आत्मविश्वास से मुकाबला करें। स्वस्थ और सकारात्मक विचारों का ही चिंतन-मनन करें।
- विश्राम शरीर के लिए जितना आवश्यक है, उतना मस्तिष्क के लिए भी। दिन भर हर काम करते रहते हैं, जिससे शरीर और मस्तिष्क थक जाता है। थकान दूर कर पुनः शक्ति प्राप्त करने के लिए ही हमें विश्राम की जरूरत होती है। प्रकृति ने विश्राम के लिए रात्रि का समय निर्धारित किया है। नींद ही हमारी सारी थकान को दूर करके व्यय हुई शक्ति की पूर्ति करती है और दूसरे दिन नए सिरे से काम करने की क्षमता प्रदान करती है। सामान्यतः 6-7 घंटे की नींद पर्याप्त होती है। अतः स्वस्थ रहने के लिए निश्चित होकर सोएं।

- दिन में जब आप शारीरिक या मानसिक परिश्रम करते-करते थकान का अनुभव करते हैं, तो इसे दूर करने के लिए थोड़ा विश्राम कर लेना ही काफी होगा। इससे नई ताकत, नई स्फूर्ति का अनुभव होता है। अत: दोपहर के भोजन के बाद एक घंटे का विश्राम ले लेना अच्छा रहता है।
- मानसिक तनाव की स्थिति में नींद नहीं आती। बाधा रहित नींद आने के लिए जरूरी है कि आप बिस्तर पर तनाव रहित होकर सोने के लिए जाएं। सोते समय मुंह न ढकें। सोने से पूर्व पेशाब अवश्य कर लें, ताकि नींद में बाधा न पड़े। देर रात तक जागकर अपना स्वास्थ्य खराब न करें, क्योंकि इससे आंखों पर जोर पड़ता है। अत: दृष्टि कमजोर होने की पूर्ण संभावना होती है। स्मरण शक्ति का नाश होता है और प्रात:काल उठने पर आलस्य तथा बदन दर्द की शिकायत होती है। अत: स्फूर्ति के लिए रात्रि में शांति से सोएं।
- हर मौसम में मिलने वाले फलों का सेवन करना स्वास्थ्य के लिए बहुत गुणकारी होता है। फल पौष्टिक तत्वों से भरपूर होते हैं और अपने मौसम में काफी सस्ते मिलते हैं। मिठाई का अधिक प्रयोग हानिकारक होता है। चाय, कॉफी, पान, पान-मसाला, गुटखे का सेवन करने से बचें। दूध, दही, गन्ने का रस, मुसम्मी का जूस, सौंफ का सेवन करें। ये स्वास्थ्य के लिए गुणकारी होते हैं। सुखी, स्वस्थ जीवन बिताने के लिए यही कुंजियां हैं।

यदि आप इन निर्देशों का पालन करते हैं, तो निश्चित रूप से आपके शारीरिक और मानसिक शक्ति में बढ़ोत्तरी होगी। आपकी स्मरण-शक्ति बढ़ेगी। आप प्रसन्न रहते हुए अध्ययन करेंगे और स्थायी रूप से उसे याद रख सकेंगे। इससे परीक्षा की मेरिट में स्थान पाने में आप अवश्य ही सफल होंगे। अत: आज ही विधिवत अध्ययन करने के लिए लिखे गए नियमों पर अमल शुरू कर दें। साथ ही भोजन, निद्रा, मनोरंजन और व्यायाम द्वारा अपने शरीर एवं मस्तिष्क को स्वस्थ तथा प्रफुल्लित रखें। बुरी आदतों से बचें। अपने अंदर सद्गुणों का विकास करें। हमें पूरा विश्वास है कि आप अपने लक्ष्य में अवश्य सफल होंगे और एक सफल व्यक्ति का जीवन जिएंगे।

❏❏

www.ingramcontent.com/pod-product-compliance
Lightning Source LLC
Chambersburg PA
CBHW072147160426
43197CB00012B/2281
* 9 7 8 9 3 8 1 4 4 8 6 2 5 *